סידור טוב להודות
Siddur Tov leHodot

Created by Rabbi Menachem Creditor

First Edition, 5773/2012

Copyright © 2012 Menachem Creditor
All rights reserved.
ISBN-10: 1479259381
ISBN-13: 978-1479259380

Introduction

The Siddur you hold in your hands is named *"Tov leHodot,"* literally *"It is Good to Offer Gratitude."* This is the first draft of an ongoing project dedicated to inspiring Jewish meaning and helping those finding their way into Jewish prayer.

This siddur is arranged according to the current Shabbat Morning customs of many Traditional Egalitarian communities. It is fully transliterated and partially translated. It is our hope that future editions will incorporate a full translation and commentary. Transliterations and translations of Hallel, Musaf for holidays and Musaf for Shabbat Rosh Chodesh are planned for the next edition.

Siddur Tov leHodot features comments and interpretations by Rabbi Menachem Creditor, adaptations from Robert Alter's "Psalms," and selections from Rabbi Zalman Schachter-Shalomi's contributions to the "Jewish Liturgy/Open Siddur Project." All materials are used with permission.

Some translations within this Prayerbook are truly translations, while others are attempts to lyrically convey a theme within the Hebrew text.

May the words of our mouths and the meditations of our hearts find favor in the eyes of God and people! May our shared prayers strengthen us all to live lives of meaning!

Shabbat Morning Service Outline

Our service has four principal parts. The page numbers listed in this outline are according to the Siddur Sim Shalom, the blue prayerbooks with which the siddur you are holding is coordinated. *On every page of this siddur, you will find the corresponding page from Siddur Sim Shalom listed.*

I. PESUKEI DE-ZIMRA (pp. 61 - 106)
These sections contain the preliminary recitation of blessings, Psalms, and biblical texts, setting the mood for the formal morning service that follows.

II. SHACHARIT (pp. 107 - 138)
The formal morning service includes the *Barchu*, or call to prayer; the *Shema*, a proclamation of Judaism's essential beliefs; and the *Amidah*, meaning "standing," which is the devotional center of the prayer service. The *Amidah* is first said in silence and is then repeated by the prayer leader. *Kaddish*, a prayer of glorification of God, punctuates the major divisions of the service.

III. TORAH SERVICE (pp. 139 - 154)
In contrast to the private *Amidah* in other sections of the service, the Torah Service is public and communal. The Torah scroll is removed from the Ark with a formal service and processional. Out of respect, we rise whenever the Torah is lifted or carried. We recite a blessing for learning, found on the inside back cover of the Etz Hayim. A weekly portion *(parsha)* is chanted

aloud in Hebrew from the handwritten scroll. The melody follows an ancient form of musical notation. The Torah reading is divided into seven parts. For each of these parts, a person is honored with an *aliyah* (literally, "a going up") to recite the blessing over the Torah. Often, an aliyah celebrates some significant life cycle event such as a birth, upcoming wedding, or anniversary. Participation in any part of the Torah service is an honor.

After the final *aliyah*, the *Misheberach*, special prayer for all those who are seriously ill is recited. When this is completed another blessing is said for those who have come up to the Torah, then we rise as the Torah is lifted and covered.

After reading from the Torah, the *Haftorah*, a specific selection taken from the books of the Prophets, is chanted. After the *Haftorah*, the Torah is returned to the Ark with a processional that is parallel to that at the beginning of the Torah service. A member of the congregation then delivers a *drasha* (sermon) about the Torah or *Haftorah* reading.

IV. MUSAF (pp. 155 – 187)

This section of the service begins with another *Amidah*. The Musaf service contains a final *Kaddish*, recited by mourners and those observing a *yahrzeit* (the anniversary of the death of a loved one). A final hymn, *Adon Olam*, concludes the service.

Modeh/Modah Ani

מוֹדֶה/ מוֹדָה אֲנִי לְפָנֶיךָ, מֶלֶךְ חַי וְקַיָּם, שֶׁהֶחֱזַרְתָּ בִּי נִשְׁמָתִי בְּחֶמְלָה, רַבָּה אֱמוּנָתֶךָ.

Modeh/Modah ani l'fanecha, melech chai v'kayam, shehechezarta bi nishmati b'chemlah, rabah emunatecha.

Thank You, Living God, for giving me another day of awareness. I thank You for this sacred trust.

Mah Tovu

Page 61 continued

מַה טֹּבוּ אֹהָלֶיךָ יַעֲקֹב, מִשְׁכְּנֹתֶיךָ יִשְׂרָאֵל. וַאֲנִי בְּרֹב חַסְדְּךָ אָבוֹא בֵיתֶךָ, אֶשְׁתַּחֲוֶה אֶל הֵיכַל קָדְשְׁךָ בְּיִרְאָתֶךָ. יְיָ אָהַבְתִּי מְעוֹן בֵּיתֶךָ, וּמְקוֹם מִשְׁכַּן כְּבוֹדֶךָ. וַאֲנִי אֶשְׁתַּחֲוֶה וְאֶכְרָעָה, אֶבְרְכָה לִפְנֵי יְיָ עֹשִׂי. וַאֲנִי תְפִלָּתִי לְךָ יְיָ, עֵת רָצוֹן, אֱלֹהִים בְּרָב חַסְדֶּךָ, עֲנֵנִי בֶּאֱמֶת יִשְׁעֶךָ.

Mah tovu ohalecha ya'akov, mishk'notecha yisra'eil. Va'ani b'rov chasd'cha avo veitecha, eshtachaveh el heichol kodsh'cha b'yiratecha. Adonai ahavti m'on beitecha, um'kom mishkan k'vodecha. Va'ani eshtachaveh v'echra'ah, evr'chah lifnei Adonai osi. Va'ani t'filati l'cha Adonai, eit ratzon, elohim b'rav chasdecha, aneini be'emet yishecha.

How lovely are your tents, O Jacob, your dwelling places, O Israel! As for me, O God abounding in grace, I enter your house to worship with awe in Your sacred place. I love your house, Eternal One, the dwelling place of Your Glory; humbly I worship You, humbly I seek blessing from God my Maker. To You, Eternal One, goes my prayer: may this be a time of your favor. In Your great love, O God, answer me with Your saving truth.

Elohai Neshamah

אֱלֹהַי, נְשָׁמָה שֶׁנָּתַתָּ בִּי
טְהוֹרָה הִיא. אַתָּה
בְרָאתָהּ, אַתָּה יְצַרְתָּהּ,
אַתָּה נְפַחְתָּהּ בִּי, וְאַתָּה
מְשַׁמְּרָהּ בְּקִרְבִּי, וְאַתָּה
עָתִיד לִטְּלָהּ מִמֶּנִּי,
וּלְהַחֲזִירָהּ בִּי לֶעָתִיד
לָבוֹא. כָּל זְמַן שֶׁהַנְּשָׁמָה
בְקִרְבִּי, מוֹדֶה אֲנִי לְפָנֶיךָ, יְיָ
אֱלֹהַי וֵאלֹהֵי אֲבוֹתַי, רִבּוֹן
כָּל הַמַּעֲשִׂים, אֲדוֹן כָּל
הַנְּשָׁמוֹת. בָּרוּךְ אַתָּה יְיָ,
הַמַּחֲזִיר נְשָׁמוֹת לִפְגָרִים
מֵתִים.

Elohai, n'shamah shenatata bi t'horah hi. Atah v'ratah, atah y'tzartah, atah n'fachtah bi, v'atah m'sham'rah b'kirbi, v'atah atid lit'lah mimeni, ul'hachazirah bi le'atid lavo. Kol z'man shehan'shamah v'kirbi, modeh ani l'fanecha, Adonai elohai v'Elohei avotai, ribon kol hama'asim, adon kol haneshamot. Baruch atah Adonai, hamachazir neshamot lifgarim meitim.

My God, the soul You have given me is pure. You created her, You formed her, and You breathed her into me and You guard her while she is within me. One day You will take her from me, and restore her to me in the time to come. As long as the soul is within me, I will thank You, Adonai my God and God of my ancestors, Master of all deeds, Master of all souls. Blessed are You, Adonai, who restores souls to lifeless bodies.

Morning Blessings **Page 65**

בָּרוּךְ אַתָּה יְיָ אֱלֹהֵינוּ מֶלֶךְ הָעוֹלָם, אֲשֶׁר נָתַן לַשֶּׂכְוִי בִינָה לְהַבְחִין בֵּין יוֹם וּבֵין לָיְלָה.

Baruch atah Adonai Eloheinu melech ha'olam, asher natan lasechvi vinah l'havchin bein yom uvein lay'lah.

בָּרוּךְ אַתָּה יְיָ אֱלֹהֵינוּ מֶלֶךְ הָעוֹלָם, שֶׁעָשַׂנִי בְּצַלְמוֹ.

Baruch atah Adonai Eloheinu melech ha'olam, she'asani betzalmo.

בָּרוּךְ אַתָּה יְיָ אֱלֹהֵינוּ מֶלֶךְ הָעוֹלָם, שֶׁעָשַׂנִי יִשְׂרָאֵל.

Baruch atah Adonai Eloheinu melech ha'olam, she'asani Yisrael.

בָּרוּךְ אַתָּה יְיָ אֱלֹהֵינוּ מֶלֶךְ הָעוֹלָם, שֶׁעָשַׂנִי בֶּן/בַּת חוֹרִין.

Baruch atah Adonai Eloheinu melech ha'olam, she'asani ben/bat chorin.

בָּרוּךְ אַתָּה יְיָ אֱלֹהֵינוּ מֶלֶךְ הָעוֹלָם, פּוֹקֵחַ עִוְרִים...

Baruch atah Adonai Eloheinu melech ha'olam, pokei'ach ivrim...

I offer You thanks, God, for my ability to discern the difference between day and night, for making me in Your image, for my life as a Jew, for my freedom, and for giving sight to my eyes...

Page 65 continued

בָּרוּךְ אַתָּה יְיָ אֱלֹהֵינוּ מֶלֶךְ הָעוֹלָם, מַלְבִּישׁ עֲרֻמִּים.
Baruch atah Adonai Eloheinu melech ha'olam, malbish arumim.

בָּרוּךְ אַתָּה יְיָ אֱלֹהֵינוּ מֶלֶךְ הָעוֹלָם, מַתִּיר אֲסוּרִים.
Baruch atah Adonai Eloheinu melech ha'olam, matir asurim.

בָּרוּךְ אַתָּה יְיָ אֱלֹהֵינוּ מֶלֶךְ הָעוֹלָם, זוֹקֵף כְּפוּפִים.
Baruch atah Adonai Eloheinu melech ha'olam, zokeif k'fufim.

בָּרוּךְ אַתָּה יְיָ אֱלֹהֵינוּ מֶלֶךְ הָעוֹלָם, רוֹקַע הָאָרֶץ עַל הַמָּיִם.
Baruch atah Adonai Eloheinu melech ha'olam, roka ha'aretz al hamayim.

בָּרוּךְ אַתָּה יְיָ אֱלֹהֵינוּ מֶלֶךְ הָעוֹלָם, שֶׁעָשָׂה לִי כָּל צָרְכִּי.
Baruch atah Adonai Eloheinu melech ha'olam, she'asah li kol tzar'ki.

בָּרוּךְ אַתָּה יְיָ אֱלֹהֵינוּ מֶלֶךְ הָעוֹלָם, הַמֵּכִין מִצְעֲדֵי גָבֶר...
Baruch atah Adonai Eloheinu melech ha'olam, hameichin mitzadei gaver...

I offer You thanks, God, for giving me clothes to wear, for giving free movement to my limbs, for helping me to stand upright, for the firm ground, for providing for all my needs, for leading my steps in the right direction...

(the page number in Siddur Sim Shalom for Shabbat and Festivals appears directly below this line)

Page 65 continued

בָּרוּךְ אַתָּה יְיָ אֱלֹהֵינוּ מֶלֶךְ הָעוֹלָם, אוֹזֵר יִשְׂרָאֵל בִּגְבוּרָה.	Baruch atah Adonai Eloheinu melech ha'olam, ozeir yisra'eil bigvurah.
בָּרוּךְ אַתָּה יְיָ אֱלֹהֵינוּ מֶלֶךְ הָעוֹלָם, עוֹטֵר יִשְׂרָאֵל בְּתִפְאָרָה.	Baruch atah Adonai Eloheinu melech ha'olam, oteir yisra'eil b'tifarah.
בָּרוּךְ אַתָּה יְיָ אֱלֹהֵינוּ מֶלֶךְ הָעוֹלָם, הַנּוֹתֵן לַיָּעֵף כֹּחַ.	Baruch atah Adonai Eloheinu melech ha'olam, hanotein laya'eif koach.
בָּרוּךְ אַתָּה יְיָ אֱלֹהֵינוּ מֶלֶךְ הָעוֹלָם, הַמַּעֲבִיר שֵׁנָה מֵעֵינָי וּתְנוּמָה מֵעַפְעַפָּי.	Baruch atah Adonai Eloheinu melech ha'olam, hama'avir sheinah mei'einay ut'numah mei'afapay.

I offer You thanks, God, for imbuing me, among other Jews, with strength, for making my soul bright, for taking my weariness and giving me energy, for removing the last trace of sleep from my eyes.

(the page number in Siddur Sim Shalom for Shabbat and Festivals appears directly below this line)

Page 65 continued

וִיהִי רָצוֹן מִלְּפָנֶיךָ, יְיָ אֱלֹהֵינוּ וֵאלֹהֵי אֲבוֹתֵינוּ, שֶׁתַּרְגִּילֵנוּ בְּתוֹרָתֶךָ, וְדַבְּקֵנוּ בְּמִצְוֹתֶיךָ, וְאַל תְּבִיאֵנוּ לֹא לִידֵי חֵטְא, וְלֹא לִידֵי עֲבֵרָה וְעָוֹן, וְלֹא לִידֵי נִסָּיוֹן, וְלֹא לִידֵי בִזָּיוֹן, וְאַל תַּשְׁלֶט בָּנוּ יֵצֶר הָרָע. וְהַרְחִיקֵנוּ מֵאָדָם רָע וּמֵחָבֵר רָע. וְדַבְּקֵנוּ בְּיֵצֶר הַטּוֹב וּבְמַעֲשִׂים טוֹבִים, וְכוֹף אֶת יִצְרֵנוּ לְהִשְׁתַּעְבֶּד לָךְ. וּתְנֵנוּ הַיּוֹם, וּבְכָל יוֹם, לְחֵן וּלְחֶסֶד וּלְרַחֲמִים בְּעֵינֶיךָ, וּבְעֵינֵי כָל רוֹאֵינוּ, וְתִגְמְלֵנוּ חֲסָדִים טוֹבִים. בָּרוּךְ אַתָּה יְיָ, גּוֹמֵל חֲסָדִים טוֹבִים לְעַמּוֹ יִשְׂרָאֵל.

Vihi ratzon mil'fanecha, Adonai Eloheinu v'Elohei avoteinu, shetargileinu b'toratecha, v'dab'keinu b'mitzvotecha, v'al t'vi'einu lo lidei cheit, v'lo lidei aveirah v'ava'on, v'lo lidei nisayon, v'lo lidei vizayon, v'al tashlet banu yeitzer hara. V'harchikeinu mei'adam ra umeichaveir ra. V'dab'keinu b'yeitzer hatov uv'ma'asim tovim, v'chof et yitzreinu l'hishtabed lach. Ut'neinu hayom, uv'chol yom, l'chein ul'chesed ul'rachamim b'einecha, uv'einei chol roeinu, v'tigm'leinu chasadim tovim. Baruch atah Adonai, gomeil chasadim tovim l'amo yisra'eil.

Living God, we ask Your help to find that our habits are touched by Torah, to strengthen our desire to seek out Mitzvot. Keep us from sin and offense, from shame and temptation.

page 66

יְהִי רָצוֹן מִלְּפָנֶֽיךָ, יְיָ אֱלֹהַי וֵאלֹהֵי אֲבוֹתַי, שֶׁתַּצִּילֵֽנִי הַיּוֹם וּבְכָל יוֹם מֵעַזֵּי פָנִים וּמֵעַזּוּת פָּנִים, מֵאָדָם רָע, וּמֵחָבֵר רָע, וּמִשָּׁכֵן רָע, וּמִפֶּֽגַע רָע, וּמִשָּׂטָן הַמַּשְׁחִית, מִדִּין קָשֶׁה, וּמִבַּֽעַל דִּין קָשֶׁה, בֵּין שֶׁהוּא בֶן בְּרִית, וּבֵין שֶׁאֵינוֹ בֶן בְּרִית.

Y'hi ratzon mil'fanecha, Adonai elohai v'Elohei avotai, shetatzileini hayom uv'chol yom mei'azei fanim umei'azut panim, mei'adam ra, umeichaveir ra, umishachein ra, umipega ra, umisatan hamashchit, midin kasheh, umiba'al din kasheh, bein shehu ven b'rit, uvein she'eino ven b'rit.

Living God, do not allow evil to attract us. Keep us far from malicious people, but draw us to seek goodness and right action. Induce our selfishness to serve You. And help us this day, yes, every day, to be generous, friendly and cheerful. As we face You and all who we will meet, keep us in Your grace and bless us.

לְעוֹלָם יְהֵא אָדָם יְרֵא שָׁמַֽיִם בְּסֵֽתֶר וּבַגָּלוּי, וּמוֹדֶה עַל הָאֱמֶת, וְדוֹבֵר אֱמֶת בִּלְבָבוֹ, וְיַשְׁכֵּם וְיֹאמַר:

Le'olam yehei adam y'rei shamayim beseiter uvagaluy, umodeh al ha'emet, v'doveir emet bilvavo, v'yashkeim v'yomar:

A person should always be in awe of Heaven, in private and in public, testify honestly and speak truth in one's heart, and should rise up and say:

page 66 continued

רִבּוֹן כָּל הָעוֹלָמִים, לֹא עַל צִדְקוֹתֵינוּ אֲנַחְנוּ מַפִּילִים תַּחֲנוּנֵינוּ לְפָנֶיךָ, כִּי עַל רַחֲמֶיךָ הָרַבִּים. מָה אֲנַחְנוּ, מֶה חַיֵּינוּ, מֶה חַסְדֵּנוּ, מַה צִּדְקוֹתֵינוּ, מַה יְּשׁוּעָתֵנוּ, מַה כֹּחֵנוּ, מַה גְּבוּרָתֵנוּ. מַה נֹּאמַר לְפָנֶיךָ, יְיָ אֱלֹהֵינוּ וֵאלֹהֵי אֲבוֹתֵינוּ, הֲלֹא כָּל הַגִּבּוֹרִים כְּאַיִן לְפָנֶיךָ, וְאַנְשֵׁי הַשֵּׁם כְּלֹא הָיוּ, וַחֲכָמִים כִּבְלִי מַדָּע, וּנְבוֹנִים כִּבְלִי הַשְׂכֵּל. כִּי רֹב מַעֲשֵׂיהֶם תֹּהוּ, וִימֵי חַיֵּיהֶם הֶבֶל לְפָנֶיךָ, וּמוֹתַר הָאָדָם מִן הַבְּהֵמָה אָיִן, כִּי הַכֹּל הָבֶל...

Ribon kol ha'olamim, lo al tzidkoteinu anachnu mapilim tachanuneinu l'fanecha, ki al rachamecha harabim. Mah anachnu, meh chayeinu, meh chasdeinu, mah tzidkoteinu, mah y'shuateinu, mah kocheinu, mah g'vurateinu. Mah nomar l'fanecha, Adonai Eloheinu v'Elohei avoteinu, halo kol hagiborim k'ayin l'fanecha, v'anshei hasheim k'lo hayu, vachachamim kivli mada, un'vonim kivli haskeil. Ki rov ma'aseihem tohu, vimei chayeihem hevel l'fanecha, umotar ha'adam min hab'heimah ayin, ki hakol havel. ..

Master of the Universe, we appeal to You, not on our own merits, but based on Your Love and Mercy. Confronted by Infinity, we know we are very little...

page 66 continued

אֲבָל אֲנַחְנוּ עַמְּךָ, בְּנֵי בְרִיתֶךָ, בְּנֵי אַבְרָהָם אֹהַבְךָ
שֶׁנִּשְׁבַּֽעְתָּ לּוֹ בְּהַר הַמּוֹרִיָּה, זֶֽרַע יִצְחָק יְחִידוֹ,
שֶׁנֶּעֱקַד עַל גַּבֵּי הַמִּזְבֵּֽחַ, עֲדַת יַעֲקֹב בִּנְךָ בְּכוֹרֶֽךָ,
שֶׁמֵּאַהֲבָתְךָ שֶׁאָהַֽבְתָּ אוֹתוֹ, וּמִשִּׂמְחָתְךָ שֶׁשָּׂמַֽחְתָּ בּוֹ,
קָרָֽאתָ אֶת שְׁמוֹ יִשְׂרָאֵל וִישֻׁרוּן...

Aval anachnu am'cha, b'nei v'ritecha, b'nei avraham ohavcha shenishbata lo b'har hamoriyah, zera yitzchak y'chido, shene'ekad al gabei hamizbei'ach, adat ya'akov bincha b'chorecha, shemei'ahavat'cha she'ahavta oto, umisimchat'cha shesamachta bo, karata et sh'mo yisra'eil vishurun...

...but we are also Your precious children, descendents of Abraham and Sarah, bearers of the legacy of the Binding of Isaac, and we carry both history and joy as the People Israel...

page 66 continued

לְפִיכָךְ אֲנַֽחְנוּ חַיָּבִים לְהוֹדוֹת לְךָ, וּלְשַׁבֵּֽחֲךָ, וּלְפָאֶרְךָ,
וּלְבָרֵךְ וּלְקַדֵּשׁ וְלָתֵת שֶֽׁבַח וְהוֹדָיָה לִשְׁמֶֽךָ. אַשְׁרֵֽינוּ,
מַה טּוֹב חֶלְקֵֽנוּ, וּמַה נָּעִים גּוֹרָלֵֽנוּ, וּמַה יָּפָה יְרֻשָּׁתֵֽנוּ.
אַשְׁרֵֽינוּ, שֶׁאֲנַֽחְנוּ מַשְׁכִּימִים וּמַעֲרִיבִים, עֶֽרֶב וָבֹֽקֶר,
וְאוֹמְרִים פַּעֲמַֽיִם בְּכָל יוֹם:

L'fichach anachnu chayavim l'hodot l'cha, ul'shabeichacha, ul'fa'ercha, ul'vareich ul'kadeish v'lateit shevach v'hodayah lishmecha. Ashreinu, mah tov chelkeinu, umah naim goraleinu, umah yafah y'rushateinu. Ashreinu, she'anachnu mashkimim uma'arivim, erev vavoker, v'om'rim pa'amayim b'chol yom:

...Therefore we owe You gratitude. How wonderful is our inheritence, that we get to wake up every morning and say twice each day:

שְׁמַע | יִשְׂרָאֵל, יְיָ |
אֱלֹהֵֽינוּ, יְיָ | אֶחָד.

Sh'ma Yisra'eil, Adonai Eloheinu Adonai Echad.

בָּרוּךְ שֵׁם כְּבוֹד מַלְכוּתוֹ
לְעוֹלָם וָעֶד.

Baruch sheim k'vod malchuto l'olam va'ed.

Hear O Israel, Adonai our God, Adonai Alone! Blessed is the Name of God's Glorious Kingdom forever and ever!

page 12

(the page number in Siddur Sim Shalom for Shabbat and Festivals appears directly below this line)

page 67

אַתָּה הוּא עַד שֶׁלֹּא נִבְרָא הָעוֹלָם, אַתָּה הוּא מִשֶּׁנִּבְרָא הָעוֹלָם, אַתָּה הוּא בָּעוֹלָם הַזֶּה, וְאַתָּה הוּא לָעוֹלָם הַבָּא. קַדֵּשׁ אֶת שִׁמְךָ עַל מַקְדִּישֵׁי שְׁמֶךָ, וְקַדֵּשׁ אֶת שִׁמְךָ בְּעוֹלָמֶךָ, וּבִישׁוּעָתְךָ תָּרִים וְתַגְבִּיהַּ קַרְנֵנוּ. בָּרוּךְ אַתָּה יְיָ, מְקַדֵּשׁ אֶת שִׁמְךָ בָּרַבִּים.

Atah hu ad shelo nivra ha'olam, atah hu mishenivra ha'olam, atah hu ba'olam hazeh, v'atah hu la'olam haba. Kadeish et shimcha al makdishei sh'mecha, v'kadeish et shimcha b'olamecha, uvishuat'cha tarim v'tagbiha karneinu. Baruch atah Adonai, m'kadeish et shimcha barabim.

אַתָּה הוּא יְיָ אֱלֹהֵינוּ, בַּשָּׁמַיִם וּבָאָרֶץ וּבִשְׁמֵי הַשָּׁמַיִם הָעֶלְיוֹנִים. אֱמֶת, אַתָּה הוּא רִאשׁוֹן, וְאַתָּה הוּא אַחֲרוֹן, וּמִבַּלְעָדֶיךָ אֵין אֱלֹהִים. קַבֵּץ קֹוֶיךָ מֵאַרְבַּע כַּנְפוֹת הָאָרֶץ, יַכִּירוּ וְיֵדְעוּ כָּל בָּאֵי עוֹלָם כִּי אַתָּה הוּא הָאֱלֹהִים לְבַדְּךָ, לְכֹל מַמְלְכוֹת הָאָרֶץ.

Atah hu Adonai Eloheinu, bashamayim uva'aretz uvishmei hashamayim ha'elyonim. Emet, atah hu rishon, v'atah hu acharon, umibaladecha ein elohim. Kabeitz kovecha mei'arba kanfot ha'aretz, yakiru v'yeid'u kol ba'ei olam ki atah hu ha'elohim l'vad'cha, l'chol maml'chot ha'aretz.

*You, God Who surpasses time,
grant us a measure of Your Holiness.*

(the page number in Siddur Sim Shalom for Shabbat and Festivals appears directly below this line)

Page 67 continued

אַתָּה עָשִׂיתָ אֶת הַשָּׁמַיִם וְאֶת הָאָרֶץ, אֶת הַיָּם, וְאֶת כָּל אֲשֶׁר בָּם, וּמִי בְּכָל מַעֲשֵׂה יָדֶיךָ בָּעֶלְיוֹנִים אוֹ בַתַּחְתּוֹנִים, שֶׁיֹּאמַר לְךָ, מַה תַּעֲשֶׂה. אָבִינוּ שֶׁבַּשָּׁמַיִם, עֲשֵׂה עִמָּנוּ חֶסֶד בַּעֲבוּר שִׁמְךָ הַגָּדוֹל שֶׁנִּקְרָא עָלֵינוּ, וְקַיֶּם לָנוּ יְיָ אֱלֹהֵינוּ מַה שֶּׁכָּתוּב: בָּעֵת הַהִיא אָבִיא אֶתְכֶם, וּבָעֵת קַבְּצִי אֶתְכֶם, כִּי אֶתֵּן אֶתְכֶם לְשֵׁם וְלִתְהִלָּה בְּכֹל עַמֵּי הָאָרֶץ, בְּשׁוּבִי אֶת שְׁבוּתֵיכֶם לְעֵינֵיכֶם, אָמַר יְיָ.

Atah asita et hashamayim v'et ha'aretz, et hayam, v'et kol asher bam, umi b'chol ma'aseih yadecha ba'elyonim o vatachtonim, sheyomar l'cha, mah ta'aseh. Avinu shebashamayim, aseih imanu chesed ba'avur shimcha hagadol shenikra aleinu, v'kayem lanu Adonai Eloheinu mah shekatuv: ba'eit hahi avi etchem, uva'eit kab'tzi etchem, ki etein etchem l'sheim v'lithilah b'chol amei ha'aretz, b'shuvi et sh'vuteichem l'eineichem, amar Adonai.

You, who called the entire Universe into being, please help us return to grace.

[learning texts can be found in Siddur Sim Shalom on pages 68 & 69]

page 70

יְהִי רָצוֹן מִלְּפָנֶיךָ, יְיָ אֱלֹהֵינוּ וֵאלֹהֵי אֲבוֹתֵינוּ, שֶׁתִּתֵּן חֶלְקֵנוּ בְּתוֹרָתֶךָ, וְנִהְיֶה מִתַּלְמִידָיו שֶׁל אַהֲרֹן הַכֹּהֵן, אוֹהֵב שָׁלוֹם וְרוֹדֵף שָׁלוֹם, אוֹהֵב אֶת הַבְּרִיּוֹת וּמְקָרְבָן לַתּוֹרָה.

Y'hi ratzon mil'fanecha, Adonai Eloheinu v'Elohei avoteinu, shetitein chelkeinu beToratecha, venihiyeh mitalmidav shel aharon hakohein, oheiv shalom verodef shalom, ohev et habriyot umekorvan laTorah.

May it be Your will that we merit to be students of Aaron the Priest, Lover and Pursuer of Peace, loving every creature and bringing people close to Torah!

Kaddish D'rabanan (Learner's Kaddish) Page 71

יִתְגַּדַּל וְיִתְקַדַּשׁ שְׁמֵהּ רַבָּא. בְּעָלְמָא דִּי בְרָא כִרְעוּתֵהּ, וְיַמְלִיךְ מַלְכוּתֵהּ בְּחַיֵּיכוֹן וּבְיוֹמֵיכוֹן וּבְחַיֵּי דְכָל בֵּית יִשְׂרָאֵל, בַּעֲגָלָא וּבִזְמַן קָרִיב, וְאִמְרוּ אָמֵן.

Yitgadal v'yitkadash sh'meih raba. B'al'ma di v'ra chiruteih, v'yamlich malchuteih b'chayeichon uv'yomeichon uv'chayei d'chol beit yisra'eil, ba'agala uvizman kariv, v'imru amein.

יְהֵא שְׁמֵהּ רַבָּא מְבָרַךְ לְעָלַם וּלְעָלְמֵי עָלְמַיָּא.

Y'hei sh'meih raba m'varach l'alam ul'al'mei al'maya.

יִתְבָּרַךְ וְיִשְׁתַּבַּח וְיִתְפָּאַר וְיִתְרוֹמַם וְיִתְנַשֵּׂא וְיִתְהַדָּר וְיִתְעַלֶּה וְיִתְהַלָּל שְׁמֵהּ דְּקֻדְשָׁא בְּרִיךְ הוּא, לְעֵלָּא מִן כָּל (לְעֵלָּא לְעֵלָּא מִכָּל) בִּרְכָתָא וְשִׁירָתָא תֻּשְׁבְּחָתָא וְנֶחֱמָתָא, דַּאֲמִירָן בְּעָלְמָא, וְאִמְרוּ אָמֵן.

Yitbarach v'yishtabach v'yitpa'ar v'yitromam v'yitnasei v'yithadar v'yitaleh v'yithalal sh'meih d'kudsha b'rich hu, l'eila min kol (*on Shabbat Shuvah*: l'eila l'eila mikol) birchata v'shirata tushb'chata v'nechemata, da'amiran b'al'ma, v'imru amein.

Page 71 continued

עַל יִשְׂרָאֵל וְעַל רַבָּנָן, וְעַל
תַּלְמִידֵיהוֹן וְעַל כָּל
תַּלְמִידֵי תַלְמִידֵיהוֹן, וְעַל
כָּל מָאן דְּעָסְקִין בְּאוֹרַיְתָא,
דִּי בְּאַתְרָא הָדֵין וְדִי בְּכָל
אֲתַר וַאֲתַר. יְהֵא לְהוֹן
וּלְכוֹן שְׁלָמָא רַבָּא, חִנָּא
וְחִסְדָּא וְרַחֲמִין, וְחַיִּין
אֲרִיכִין, וּמְזוֹנֵי רְוִיחֵי,
וּפֻרְקָנָא, מִן קֳדָם אֲבוּהוֹן
דִּי בִשְׁמַיָּא, וְאִמְרוּ אָמֵן.

Al yisra'eil v'al rabanan, v'al talmideihon v'al kol talmidei talmideihon, v'al kol man d'as'kin b'orayta, di v'atra hadein v'di v'chol atar va'atar. Y'hei l'hon ul'chon sh'lama raba, china v'chisda v'rachamin, v'chayin arichin, um'zonei r'vichei, ufurkana, min kodam avuhon di vishmaya, v'imru amein.

יְהֵא שְׁלָמָא רַבָּא מִן שְׁמַיָּא,
וְחַיִּים טוֹבִים עָלֵינוּ וְעַל כָּל
יִשְׂרָאֵל, וְאִמְרוּ אָמֵן.

Y'hei sh'lama raba min sh'maya, v'chayim tovim aleinu v'al kol yisra'eil, v'imru amein.

עֹשֶׂה שָׁלוֹם בִּמְרוֹמָיו, הוּא
בְּרַחֲמָיו יַעֲשֶׂה שָׁלוֹם עָלֵינוּ
וְעַל כָּל יִשְׂרָאֵל, ועל כל
יושבי תבל, וְאִמְרוּ אָמֵן.

Oseh shalom Oseh shalom bimromav, hu b'rachamav ya'aseh shalom aleinu v'al kol yisra'eil, ve'al kol yoshvei tevel, v'imru amein.

[a translation of Learner's Kaddish is found on page 71 in Siddur Sim Shalom.]

(the page number in Siddur Sim Shalom for Shabbat and Festivals appears directly below this line)

Psalm 92

page 72

הַיּוֹם יוֹם שַׁבַּת קֹֽדֶשׁ, שֶׁבּוֹ הָיוּ הַלְוִיִּם אוֹמְרִים בְּבֵית הַמִּקְדָּשׁ:
מִזְמוֹר שִׁיר לְיוֹם הַשַּׁבָּת: טוֹב לְהֹדוֹת לַיהוָֹה וּלְזַמֵּר
לְשִׁמְךָ עֶלְיוֹן: לְהַגִּיד בַּבֹּֽקֶר חַסְדֶּֽךָ וֶאֱמוּנָתְךָ
בַּלֵּילוֹת: עֲלֵי־עָשׂוֹר וַעֲלֵי־נָֽבֶל עֲלֵי הִגָּיוֹן בְּכִנּוֹר: כִּי
שִׂמַּחְתַּֽנִי יְהוָֹה בְּפָעֳלֶֽךָ בְּמַעֲשֵׂי יָדֶֽיךָ אֲרַנֵּן: מַה־גָּדְלוּ
מַעֲשֶֽׂיךָ יְהוָֹה מְאֹד עָמְקוּ מַחְשְׁבֹתֶֽיךָ: אִישׁ בַּֽעַר לֹא
יֵדָע וּכְסִיל לֹא־יָבִין אֶת־זֹאת: בִּפְרֹֽחַ רְשָׁעִים כְּמוֹ
עֵֽשֶׂב וַיָּצִֽיצוּ כָּל־פֹּֽעֲלֵי אָֽוֶן לְהִשָּׁמְדָם עֲדֵי־עַד...

Hayom Yom Shabbat Kodesh, shebo hayu halevi'im omrim beveit hamikdash:

Mizmor shir l'yom haShabbat. Tov l'hodot l'Adonai, ul'zameir l'shimcha elyon. L'hagid baboker chasdecha, ve'emunat'cha baleilot. Alei asor va'alei navel, alei higayon b'chinor. Ki simachtani Adonai b'fa'olecha, b'ma'asei yadecha aranein. Mah gad'lu ma'asecha Adonai, m'od am'ku machsh'votecha. Ish ba'ar lo yeida, uch'sil lo yavin et zot. Bifroach r'shaim k'mo eisev, vayatzitzu kol poalei aven, l'hisham'dam adei ad...

A psalm. A song for Shabbat. It is good to praise Adonai, to proclaim Your love at daybreak, Your faithfulness each night. How great are Your works, Adonai, how very subtle Your designs! A brutish person cannot know, a fool cannot understand this: though the wicked sprout like grass, though all evildoers blossom, that won't last...

---

page 18
(the page number in Siddur Sim Shalom for Shabbat and Festivals appears directly below this line)

page 72 continued

וְאַתָּה מָרוֹם לְעֹלָם יְהוָה׃ כִּי הִנֵּה אֹיְבֶיךָ יְהוָה
כִּי־הִנֵּה אֹיְבֶיךָ יֹאבֵדוּ יִתְפָּרְדוּ כָּל־פֹּעֲלֵי אָוֶן׃ וַתָּרֶם
כִּרְאֵים קַרְנִי בַּלֹּתִי בְּשֶׁמֶן רַעֲנָן׃ וַתַּבֵּט עֵינִי בְּשׁוּרָי
בַּקָּמִים עָלַי מְרֵעִים תִּשְׁמַעְנָה אָזְנָי׃ צַדִּיק כַּתָּמָר
יִפְרָח כְּאֶרֶז בַּלְּבָנוֹן יִשְׂגֶּה׃ שְׁתוּלִים בְּבֵית יְהוָה
בְּחַצְרוֹת אֱלֹהֵינוּ יַפְרִיחוּ׃ עוֹד יְנוּבוּן בְּשֵׂיבָה דְּשֵׁנִים
וְרַעֲנַנִּים יִהְיוּ׃לְהַגִּיד כִּי־יָשָׁר יְהוָה צוּרִי וְלֹא־עַוְלָתָה
בּוֹ׃

V‘atah marom l‘olam Adonai. Ki hineih oy‘vecha, Adonai, ki hineih oy‘vecha yoveidu, yitpar‘du kol poalei aven. Vatarem kireim karni, baloti b‘shemen ra‘anan. Vatabeit eini b‘shuray, bakamim alai m‘reiim tishmanah az‘nay. Tzadik katamar yifrach, k‘erez bal‘vanon yisgeh. Sh‘tulim b‘veit Adonai, b‘chatzrot Eloheinu yafrichu. Od y‘nuvun b‘seivah, d‘sheinim v‘ra‘ananim yihyu. L‘hagid ki yashar Adonai, tzuri v‘lo avlatah bo.

But You are so high, Adonai, for all time. You raise my horn high like that of a wild ox; I am soaked in freshening oil. I have seen the defeat of my enemies, my ears have heard of the downfall of the wicked who beset me. The righteous bloom like a date-palm; they thrive like a cedar in Lebanon; planted in the house of Adonai, they flourish in the courts of our God. In old age they still produce fruit; they are full of sap and strength, attesting that Adonai is upright, my Rock, in whom there is no wrong.

page 19
(the page number in Siddur Sim Shalom for Shabbat and Festivals appears directly below this line)

Psalm 27

Page 80

Recited from Rosh Chodesh Elul through Hoshannah Rabbah

לְדָוִד, יְיָ אוֹרִי וְיִשְׁעִי מִמִּי אִירָא, יְיָ מָעוֹז חַיַּי מִמִּי אֶפְחָד. בִּקְרֹב עָלַי מְרֵעִים לֶאֱכֹל אֶת בְּשָׂרִי, צָרַי וְאֹיְבַי לִי, הֵמָּה כָשְׁלוּ וְנָפָלוּ. אִם תַּחֲנֶה עָלַי מַחֲנֶה לֹא יִירָא לִבִּי, אִם תָּקוּם עָלַי מִלְחָמָה בְּזֹאת אֲנִי בוֹטֵחַ...

L'david, Adonai ori v'yishi mimi ira, Adonai ma'oz chayai mimi efchad. Bikrov alai m'reiim le'echol et b'sari, tzarai v'oy'vai li, heimah kash'lu v'nafalu. Im tachaneh alai machaneh lo yira libi, im takum alai milchamah b'zot ani votei'ach...

Of David. Adonai is my light and my salvation; whom shall I fear? Adonai is the stronghold of my life; from whom shall I be frightened? When evildoers draw near to me to devour my flesh, my adversaries and my enemies against me-they stumbled and fell. If a camp encamps against me, my heart shall not fear; if a war should rise up against me, in this I trust...

Page 80 continued

אַחַת שָׁאַלְתִּי מֵאֵת יְיָ, אוֹתָהּ אֲבַקֵּשׁ, שִׁבְתִּי בְּבֵית יְיָ
כָּל יְמֵי חַיַּי, לַחֲזוֹת בְּנֹעַם יְיָ וּלְבַקֵּר בְּהֵיכָלוֹ. כִּי
יִצְפְּנֵנִי בְּסֻכֹּה בְּיוֹם רָעָה, יַסְתִּרֵנִי בְּסֵתֶר אָהֳלוֹ,
בְּצוּר יְרוֹמְמֵנִי...

Achat sha'alti mei'eit Adonai, otah avakeish, shivti b'veit Adonai kol y'mei chayai, lachazot b'noam Adonai ul'vakeir b'heicholo. Ki yitzp'neini b'sukoh b'yom ra'ah, yastireini b'seiter aholo, b'tzur y'rom'meini...

One thing do I ask of Adonai, that I may dwell in the house of Adonai all the days of my life, to see the pleasantness of Adonai and to visit God's Sanctuary every morning. God will hide me in God's Sukkah on the bad day, conceal me in the secrecy of God's tent, will lift me up on a rock...

וְעַתָּה יָרוּם רֹאשִׁי עַל אֹיְבַי סְבִיבוֹתַי, וְאֶזְבְּחָה בְאָהֳלוֹ
זִבְחֵי תְרוּעָה, אָשִׁירָה וַאֲזַמְּרָה לַייָ. שְׁמַע יְיָ קוֹלִי
אֶקְרָא, וְחָנֵּנִי וַעֲנֵנִי. לְךָ אָמַר לִבִּי, בַּקְּשׁוּ פָנָי, אֶת פָּנֶיךָ
יְיָ אֲבַקֵּשׁ...

V'atah yarum roshi al oy'vai s'vivotai, v'ezb'chah v'aholo zivchei t'rvah, ashirah va'azam'rah l'Adonai. Sh'ma Adonai koli ekra, v'choneini va'aneini. L'cha amar libi, bak'shu fanay, et panech Adonai avakeish...

Hearken, Adonai, to my voice, be gracious to me and answer me. My heart says, "Seek My presence." Your presence, O Lord, I will seek...

(*the page number in Siddur Sim Shalom for Shabbat and Festivals appears directly below this line*)

Page 80 continued

אַל תַּסְתֵּר פָּנֶיךָ מִמֶּנִּי, אַל תַּט בְּאַף עַבְדֶּךָ, עֶזְרָתִי הָיִיתָ, אַל תִּטְּשֵׁנִי וְאַל תַּעַזְבֵנִי אֱלֹהֵי יִשְׁעִי. כִּי אָבִי וְאִמִּי עֲזָבְוּנִי, וַייָ יַאַסְפֵנִי. הוֹרֵנִי יְיָ דַּרְכֶּךָ, וּנְחֵנִי בְּאֹרַח מִישׁוֹר, לְמַעַן שׁוֹרְרָי. אַל תִּתְּנֵנִי בְּנֶפֶשׁ צָרָי, כִּי קָמוּ בִי עֵדֵי שֶׁקֶר וִיפֵחַ חָמָס. לוּלֵא הֶאֱמַנְתִּי, לִרְאוֹת בְּטוּב יְיָ, בְּאֶרֶץ חַיִּים. קַוֵּה אֶל יְיָ, חֲזַק וְיַאֲמֵץ לִבֶּךָ, וְקַוֵּה אֶל יְיָ.

Al tasteir panecha mimeni, al tat b'af avdecha, ezrati hayita, al tit'sheini v'al ta'azveini Elohei yishi. Ki avi v'imi azavuni, vaya ya'asfeini. Horeini Adonai darkecha, un'cheini b'orach mishor, l'ma'an shor'ray. Al tit'neini b'nefesh tzaray, ki kamu vi eidei sheker vifei'ach chamas. Lulei he'emanti, lirot b'tuv Adonai, b'eretz chayim. Kaveih el Adonai, chazak v'ya'ameitz libecha, v'kaveih el Adonai.

Do not hide Your presence from me; do not turn Your servant away with anger. You were my help; do not forsake me and do not abandon me, God of my saving. For my father and my mother have abandoned me, but Adonai gathers me in. Instruct me, Adonai, in Your way, and lead me in the straight path because of those who lie in wait for me. Do not deliver me to the desires of my adversaries, for false witnesses and speakers of evil have risen against me. Had I not believed in seeing the good of Adonai in the land of the living! Hope for Adonai, be strong and God will give your heart courage, and hope with Adonai.

Psalm 30 — Page 81

מִזְמוֹר שִׁיר חֲנֻכַּת הַבַּיִת לְדָוִד. אֲרוֹמִמְךָ יְיָ כִּי דִלִּיתָנִי, וְלֹא
שִׂמַּחְתָּ אֹיְבַי לִי. יְיָ אֱלֹהָי, שִׁוַּעְתִּי אֵלֶיךָ וַתִּרְפָּאֵנִי. יְיָ
הֶעֱלִיתָ מִן שְׁאוֹל נַפְשִׁי, חִיִּיתַנִי מִיָּרְדִי בוֹר. זַמְּרוּ לַייָ
חֲסִידָיו, וְהוֹדוּ לְזֵכֶר קָדְשׁוֹ. כִּי רֶגַע בְּאַפּוֹ, חַיִּים בִּרְצוֹנוֹ,
בָּעֶרֶב יָלִין בֶּכִי, וְלַבֹּקֶר רִנָּה. וַאֲנִי אָמַרְתִּי בְשַׁלְוִי, בַּל
אֶמּוֹט לְעוֹלָם. יְיָ בִּרְצוֹנְךָ הֶעֱמַדְתָּה לְהַרְרִי עֹז, הִסְתַּרְתָּ
פָנֶיךָ, הָיִיתִי נִבְהָל. אֵלֶיךָ יְיָ אֶקְרָא, וְאֶל אֲדֹנָי אֶתְחַנָּן. מַה
בֶּצַע בְּדָמִי, בְּרִדְתִּי אֶל שָׁחַת, הֲיוֹדְךָ עָפָר, הֲיַגִּיד אֲמִתֶּךָ.
שְׁמַע יְיָ וְחָנֵּנִי, יְיָ הֱיֵה עֹזֵר לִי. הָפַכְתָּ מִסְפְּדִי לְמָחוֹל לִי,
פִּתַּחְתָּ שַׂקִּי וַתְּאַזְּרֵנִי שִׂמְחָה. לְמַעַן יְזַמֶּרְךָ כָבוֹד וְלֹא יִדֹּם,
יְיָ אֱלֹהַי לְעוֹלָם אוֹדֶךָּ.

Mizmor shir chanukat habayit l'david. Aromimcha Adonai ki dilitani, v'lo simachta oy'vai li. Adonai elohay, shiva'ti eilecha vatirpa'eini. Adonai he'elita min sh'ol nafshi, chiyitani miyar'di vor. Zam'ru l'Adonai chasidav, v'hodu l'zeicher kad'sho. Ki rega b'apo, chayim birtzono, ba'erev yalin bechi, v'laboker rinah. Va'ani amarti v'shalvi, bal emot l'olam. Adonai birtzon'cha he'emadtah l'harri oz, histarta fanecha, hayiti nivhal. Eilecha Adonai ekra, v'el Adonai etchanan. Mah betza b'dami, b'ridti el shachat, hayod'cha afar, hayagid amitecha. Sh'ma Adonai v'chaneini, Adonai heyeih ozeir li. Hafachta misp'di l'machol li, pitachta saki vat'az'reini simchah. L'ma'an y'zamercha chavod v'lo yidom, Adonai elohai l'olam odeka.

You have turned my mourning into joyful dancing. You have taken away my clothes of mourning and clothed me with joy, that I might sing praises to you and not be silent. O Adonai, I will thank You forever!

page 23
(the page number in Siddur Sim Shalom for Shabbat and Festivals appears directly below this line)

Mourner's Kaddish

Page 82

יִתְגַּדַּל וְיִתְקַדַּשׁ שְׁמֵהּ
רַבָּא. בְּעָלְמָא דִּי בְרָא
כִרְעוּתֵהּ, וְיַמְלִיךְ מַלְכוּתֵהּ
בְּחַיֵּיכוֹן וּבְיוֹמֵיכוֹן וּבְחַיֵּי
דְכָל בֵּית יִשְׂרָאֵל, בַּעֲגָלָא
וּבִזְמַן קָרִיב, וְאִמְרוּ אָמֵן.

Yitgadal v'yitkadash sh'meih raba. B'al'ma di v'ra chiruteih, v'yamlich malchuteih b'chayeichon uv'yomeichon uv'chayei d'chol beit yisra'eil, ba'agala uvizman kariv, v'imru amein.

**יְהֵא שְׁמֵהּ רַבָּא מְבָרַךְ
לְעָלַם וּלְעָלְמֵי עָלְמַיָּא.**

Y'hei sh'meih raba m'varach l'alam ul'al'mei al'maya.

יִתְבָּרַךְ וְיִשְׁתַּבַּח וְיִתְפָּאַר
וְיִתְרוֹמַם וְיִתְנַשֵּׂא וְיִתְהַדָּר
וְיִתְעַלֶּה וְיִתְהַלָּל שְׁמֵהּ
דְּקֻדְשָׁא בְּרִיךְ הוּא, לְעֵלָּא
מִן כָּל (לְעֵלָּא לְעֵלָּא
מִכָּל) בִּרְכָתָא וְשִׁירָתָא
תֻּשְׁבְּחָתָא וְנֶחֱמָתָא,
דַּאֲמִירָן בְּעָלְמָא, וְאִמְרוּ
אָמֵן.

Yitbarach v'yishtabach v'yitpa'ar v'yitromam v'yitnasei v'yithadar v'yitaleh v'yithalal sh'meih d'kudsha b'rich hu, l'eila min kol (*on Shabbat Shuvah*: l'eila l'eila mikol) birchata v'shirata tushb'chata v'nechemata, da'amiran b'al'ma, v'imru amein.

(the page number in Siddur Sim Shalom for Shabbat and Festivals appears directly below this line)

Page 82 continued

יְהֵא שְׁלָמָא רַבָּא מִן שְׁמַיָּא, וְחַיִּים עָלֵינוּ וְעַל כָּל יִשְׂרָאֵל, וְאִמְרוּ אָמֵן.	Y‘hei sh‘lama raba min sh‘maya, v‘chayim aleinu v‘al kol yisra‘eil, v‘imru amein.
עֹשֶׂה שָׁלוֹם בִּמְרוֹמָיו, הוּא יַעֲשֶׂה שָׁלוֹם עָלֵינוּ וְעַל כָּל יִשְׂרָאֵל, ועל כל יושבי תבל, וְאִמְרוּ אָמֵן.	Oseh shalom bimromav, hu ya‘aseh shalom aleinu v‘al kol yisra‘eil, ve’al kol yoshvei tevel, v‘imru amein.

[a translation of Mourner’s Kaddish is found on page 82 in Siddur Sim Shalom.]

Page 83

we rise

בָּרוּךְ שֶׁאָמַר וְהָיָה הָעוֹלָם, בָּרוּךְ הוּא, בָּרוּךְ עֹשֶׂה בְרֵאשִׁית, בָּרוּךְ אוֹמֵר וְעוֹשֶׂה, בָּרוּךְ גּוֹזֵר וּמְקַיֵּם, בָּרוּךְ מְרַחֵם עַל הָאָרֶץ, בָּרוּךְ מְרַחֵם עַל הַבְּרִיּוֹת, בָּרוּךְ מְשַׁלֵּם שָׂכָר טוֹב לִירֵאָיו, בָּרוּךְ חַי לָעַד וְקַיָּם לָנֶצַח, בָּרוּךְ פּוֹדֶה וּמַצִּיל, בָּרוּךְ שְׁמוֹ. בָּרוּךְ אַתָּה יְיָ אֱלֹהֵינוּ מֶלֶךְ הָעוֹלָם, הָאֵל הָאָב הָרַחֲמָן, הַמְהֻלָּל בְּפִי עַמּוֹ, מְשֻׁבָּח וּמְפֹאָר בִּלְשׁוֹן חֲסִידָיו וַעֲבָדָיו, וּבְשִׁירֵי דָוִד עַבְדֶּךָ. נְהַלֶּלְךָ יְיָ אֱלֹהֵינוּ בִּשְׁבָחוֹת וּבִזְמִירוֹת, וּנְגַדֶּלְךָ וּנְשַׁבֵּחֲךָ וּנְפָאֶרְךָ וְנַזְכִּיר שִׁמְךָ, וְנַמְלִיכְךָ, מַלְכֵּנוּ אֱלֹהֵינוּ, יָחִיד, חֵי הָעוֹלָמִים, מֶלֶךְ מְשֻׁבָּח וּמְפֹאָר עֲדֵי עַד שְׁמוֹ הַגָּדוֹל. בָּרוּךְ אַתָּה יְיָ, מֶלֶךְ מְהֻלָּל בַּתִּשְׁבָּחוֹת.

Baruch she'amar v'hayah ha'olam, baruch hu, baruch oseh v'reishit, baruch omeir v'oseh, baruch gozeir um'kayeim, baruch m'racheim al ha'aretz, baruch m'racheim al hab'riyot, baruch m'shaleim sachar tov lirei'av, baruch chai la'ad v'kayam lanetzach, baruch podeh umatzil, baruch sh'mo. Baruch atah Adonai Eloheinu melech ha'olam, ha'eil ha'av harachaman, hamhulal b'fi amo, m'shubach um'foar bilshon chasidav va'avadav, uv'shirei david avdecha. N'halelcha Adonai Eloheinu bishvachot uvizmirot, n'gadelcha un'shabeichacha un'fa'ercha v'nazkir shimcha, v'namlich'cha, malkeinu Eloheinu, yachid, chei ha'olamim, melech m'shubach um'foar adei ad sh'mo hagadol. Baruch atah Adonai, melech m'hulal batishbachot.

Blessed is the One Who spoke and the world came into being!

please be seated

Psalm 93

יְיָ מָלָךְ גֵּאוּת לָבֵשׁ, לָבֵשׁ יְיָ עֹז הִתְאַזָּר, אַף תִּכּוֹן תֵּבֵל בַּל תִּמּוֹט. נָכוֹן כִּסְאֲךָ מֵאָז, מֵעוֹלָם אָתָּה. נָשְׂאוּ נְהָרוֹת יְיָ, נָשְׂאוּ נְהָרוֹת קוֹלָם, יִשְׂאוּ נְהָרוֹת דָּכְיָם. מִקֹּלוֹת מַיִם רַבִּים אַדִּירִים מִשְׁבְּרֵי יָם, אַדִּיר בַּמָּרוֹם יְיָ. עֵדֹתֶיךָ נֶאֶמְנוּ מְאֹד לְבֵיתְךָ נַאֲוָה קֹדֶשׁ, יְיָ לְאֹרֶךְ יָמִים.

Adonai malach geiut laveish, laveish Adonai oz hitazar, af tikon teiveil bal timot. Nachon kisacha mei-az, meiolam atah. Nas'u n'harot Adonai, nas'u n'harot kolam, yisu n'harot doch'yam. Mikolot mayim rabim adirim mishb'rei yam, adir bamarom Adonai. Eidotecha ne-emnu m'od l'veitcha na-avah kodesh, Adonai l'orech yamim.

Adonai reigns, in triumph clothed is Adonai, in strength girded. Yes, the world stands firm, not to be shaken. Your throne stands firm from of old, from forever You are. The waters lifted up, O Adonai, the waters lifted up their voice, the streams lift up their roaring. More than the sound of many waters, the sea's majestic breakers, majestic on high is Adonai. Your statutes are very faithful. Holiness suits Your house. Adonai is for all time.

Ashrei

Page 96

אַשְׁרֵי יוֹשְׁבֵי בֵיתֶךָ, עוֹד יְהַלְלוּךָ סֶּלָה. אַשְׁרֵי הָעָם שֶׁכָּכָה לּוֹ, אַשְׁרֵי הָעָם שֶׁיְיָ אֱלֹהָיו.

תְּהִלָּה לְדָוִד, אֲרוֹמִמְךָ אֱלוֹהַי הַמֶּלֶךְ, וַאֲבָרְכָה שִׁמְךָ לְעוֹלָם וָעֶד.
בְּכָל יוֹם אֲבָרְכֶךָּ, וַאֲהַלְלָה שִׁמְךָ לְעוֹלָם וָעֶד.
גָּדוֹל יְיָ וּמְהֻלָּל מְאֹד, וְלִגְדֻלָּתוֹ אֵין חֵקֶר.
דּוֹר לְדוֹר יְשַׁבַּח מַעֲשֶׂיךָ, וּגְבוּרֹתֶיךָ יַגִּידוּ.
הֲדַר כְּבוֹד הוֹדֶךָ, וְדִבְרֵי נִפְלְאֹתֶיךָ אָשִׂיחָה.
וֶעֱזוּז נוֹרְאוֹתֶיךָ יֹאמֵרוּ, וּגְדֻלָּתְךָ אֲסַפְּרֶנָּה.
זֵכֶר רַב טוּבְךָ יַבִּיעוּ, וְצִדְקָתְךָ יְרַנֵּנוּ.
חַנּוּן וְרַחוּם יְיָ, אֶרֶךְ אַפַּיִם וּגְדָל חָסֶד.

Ashrei yosh'vei veitecha, od y'halelucha selah. Ashrei ha'am shekachah lo, ashrei ha'am she'adonai elohav.

T'hilah l'david, aromimcha elohai hamelech, va'avar'chah shimcha l'olam va'ed.
B'chol yom avar'cheka, va'ahal'lah shimcha l'olam va'ed.
Gadol Adonai um'hulal m'od, v'ligdulato ein cheiker.
Dor l'dor y'shabach ma'asecha, ug'vurotecha yagidu.
Hadar k'vod hodecha, v'divrei nifl'otecha asichah.
Ve'ezuz nor'otecha yomeiru, ug'dulat'cha asap'renah.
Zecher rav tuv'cha yabiu, v'tzidkat'cha y'raneinu.
Chanun v'rachum Adonai, erech apayim ug'dol chased.

Happy are those who dwell in Your home, Adonai!

page 28
(the page number in Siddur Sim Shalom for Shabbat and Festivals appears directly below this line)

Page 96 continued

טוֹב יְיָ לַכֹּל, וְרַחֲמָיו עַל כָּל מַעֲשָׂיו.	Tov Adonai lakol, v'rachamav al kol ma'asav.
יוֹדוּךָ יְיָ כָּל מַעֲשֶׂיךָ, וַחֲסִידֶיךָ יְבָרְכוּכָה.	Yoducha Adonai kol ma'asecha, vachasidecha y'var'chuchah.
כְּבוֹד מַלְכוּתְךָ יֹאמֵרוּ, וּגְבוּרָתְךָ יְדַבֵּרוּ.	K'vod malchut'cha yomeiru, ug'vurat'cha y'dabeiru.
לְהוֹדִיעַ לִבְנֵי הָאָדָם גְּבוּרֹתָיו, וּכְבוֹד הֲדַר מַלְכוּתוֹ.	L'hodi'a livnei ha'adam g'vurotav, uch'vod hadar malchuto.
מַלְכוּתְךָ מַלְכוּת כָּל עֹלָמִים, וּמֶמְשַׁלְתְּךָ בְּכָל דֹּר וָדֹר.	Malchut'cha malchut kol olamim, umemshalt'cha b'chol dor vador.
סוֹמֵךְ יְיָ לְכָל הַנֹּפְלִים, וְזוֹקֵף לְכָל הַכְּפוּפִים.	Someich Adonai l'chol hanof'lim, v'zokeif l'chol hak'fufim.
עֵינֵי כֹל אֵלֶיךָ יְשַׂבֵּרוּ, וְאַתָּה נוֹתֵן לָהֶם אֶת אָכְלָם בְּעִתּוֹ.	Einei chol eilecha y'sabeiru, v'atah notein lahem et ach'lam b'ito.
פּוֹתֵחַ אֶת יָדֶךָ, וּמַשְׂבִּיעַ לְכָל חַי רָצוֹן.	Potei'ach et yadecha, umasbi'a l'chol chai ratzon.

You open up Your Hand and You give every living thing what it needs.

צַדִּיק יְיָ בְּכָל דְּרָכָיו, וְחָסִיד בְּכָל מַעֲשָׂיו.	Tzadik Adonai b'chol d'rachav, v'chasid b'chol ma'asav.
קָרוֹב יְיָ לְכָל קֹרְאָיו, לְכֹל אֲשֶׁר יִקְרָאֻהוּ בֶאֱמֶת.	Karov Adonai l'chol kor'av, l'chol asher yikrauhu ve'emet.
רְצוֹן יְרֵאָיו יַעֲשֶׂה, וְאֶת שַׁוְעָתָם יִשְׁמַע וְיוֹשִׁיעֵם.	R'tzon y'rei'av ya'aseh, v'et shavatam yishma v'yoshi'eim.
שׁוֹמֵר יְיָ אֶת כָּל אֹהֲבָיו, וְאֵת כָּל הָרְשָׁעִים יַשְׁמִיד.	Shomeir Adonai et kol ohavav, v'eit kol har'shaim yashmid.
תְּהִלַּת יְיָ יְדַבֶּר פִּי, וִיבָרֵךְ כָּל בָּשָׂר שֵׁם קָדְשׁוֹ לְעוֹלָם וָעֶד.	T'hilat Adonai y'daber pi, vivareich kol basar sheim kod'sho l'olam va'ed.
וַאֲנַחְנוּ נְבָרֵךְ יָהּ, מֵעַתָּה וְעַד עוֹלָם, הַלְלוּיָהּ.	Va'anachnu n'vareich yah, mei'atah v'ad olam, HaleluYah.

My mouth will speak the praise of Adonai, and all flesh will bless God's Holy Name. We bless You, from now until forever, Halleluyah!

Psalm 149 **Page 100**

הַלְלוּיָהּ, שִׁירוּ לַייָ שִׁיר חָדָשׁ, תְּהִלָּתוֹ בִּקְהַל חֲסִידִים.
יִשְׂמַח יִשְׂרָאֵל בְּעֹשָׂיו, בְּנֵי צִיּוֹן יָגִילוּ בְמַלְכָּם. יְהַלְלוּ
שְׁמוֹ בְמָחוֹל, בְּתֹף וְכִנּוֹר יְזַמְּרוּ לוֹ. כִּי רוֹצֶה יְיָ בְּעַמּוֹ,
יְפָאֵר עֲנָוִים בִּישׁוּעָה. יַעְלְזוּ חֲסִידִים בְּכָבוֹד, יְרַנְּנוּ עַל
מִשְׁכְּבוֹתָם. רוֹמְמוֹת אֵל בִּגְרוֹנָם, וְחֶרֶב פִּיפִיּוֹת בְּיָדָם.
לַעֲשׂוֹת נְקָמָה בַּגּוֹיִם, תּוֹכֵחוֹת בַּלְאֻמִּים. לֶאְסֹר
מַלְכֵיהֶם בְּזִקִּים, וְנִכְבְּדֵיהֶם בְּכַבְלֵי בַרְזֶל. לַעֲשׂוֹת בָּהֶם
מִשְׁפָּט כָּתוּב, הָדָר הוּא לְכָל חֲסִידָיו, הַלְלוּיָהּ.

HaleluYah, shiru l'Adonai shir chadash, t'hilato bikhal chasidim. Yismach yisra'eil b'osav, b'nei tziyon yagilu v'malkam. Y'halelu sh'mo v'machol, b'tof v'chinor y'zam'ru lo. Ki rotzeh Adonai b'amo, y'fa'eir anavim bishuah. Yalzu chasidim b'chavod, yeranenu al mishk'votam. Rom'mot eil bigronam, v'cherev pifiyot b'yadam. La'asot n'kamah bagoyim, tocheichot balumim. Lesor malcheihem b'zikim, v'nichb'deihem b'chavlei varzel. La'asot bahem mishpat katuv, hadar hu l'chol chasidav, HaleluYah.

Halleluyah. Sing to Adonai a new song! Praise God through dance! Sing praises with the timbrel and harp!

Page 100 continued

הַלְלוּיָהּ, הַלְלוּ אֵל בְּקָדְשׁוֹ, הַלְלוּהוּ בִּרְקִיעַ עֻזּוֹ.
הַלְלוּהוּ בִגְבוּרֹתָיו, הַלְלוּהוּ כְּרֹב גֻּדְלוֹ. הַלְלוּהוּ בְּתֵקַע
שׁוֹפָר, הַלְלוּהוּ בְּנֵבֶל וְכִנּוֹר. הַלְלוּהוּ בְּתֹף וּמָחוֹל,
הַלְלוּהוּ בְּמִנִּים וְעֻגָב. הַלְלוּהוּ בְצִלְצְלֵי שָׁמַע, הַלְלוּהוּ
בְּצִלְצְלֵי תְרוּעָה. כֹּל הַנְּשָׁמָה תְּהַלֵּל יָהּ הַלְלוּיָהּ. כֹּל
הַנְּשָׁמָה תְּהַלֵּל יָהּ הַלְלוּיָהּ.

HaleluYah, halelu eil b'kod'sho, haleluhu birki'a uzo. haleluhu bigvurotav, haleluhu k'rov gudlo. haleluhu b'teika shofar, haleluhu b'neivel v'chinor. haleluhu b'tof umachol, haleluhu b'minim v'ugav. haleluhu b'tziltz'lei shama, haleluhu betziltz'lei t'ruah. Kol han'shamah t'haleil yah HaleluYah. Kol han'shamah t'haleil yah HaleluYah.

Halleluyah! Praise God in God's holy place, praise God in the vault of God's power. Praise God for God's mighty acts, praise God as befits God's abounding greatness. Praise God with the ram-horn's blast, praise God with the lute and the lyre. Praise God with timbrel and dance, praise God with strings and flute. Praise God with sounding cymbals, praise God with crashing cymbals. Let all that has breath praise You! Halleluyah!

page 32
(the page number in Siddur Sim Shalom for Shabbat and Festivals appears directly below this line)

Page 100 continued

we rise

בָּרוּךְ יְיָ לְעוֹלָם, אָמֵן וְאָמֵן. בָּרוּךְ יְיָ מִצִּיּוֹן, שֹׁכֵן יְרוּשָׁלָיִם, הַלְלוּיָהּ. בָּרוּךְ יְיָ אֱלֹהִים אֱלֹהֵי יִשְׂרָאֵל, עֹשֵׂה נִפְלָאוֹת לְבַדּוֹ. וּבָרוּךְ שֵׁם כְּבוֹדוֹ לְעוֹלָם, וְיִמָּלֵא כְבוֹדוֹ אֶת כָּל הָאָרֶץ, אָמֵן וְאָמֵן.

Baruch Adonai l'olam, amein v'amein. Baruch Adonai mitziyon, shochein y'rushalayim, HaleluYah. Baruch Adonai elohim Elohei yisra'eil, oseih nifla'ot levado. Uvaruch sheim k'vodo l'olam, v'yimalei ch'vodo et kol ha'aretz, amein v'amein.

Bless Adonai always, Amen! Amen! Bless Adonai from Zion; the One present in Jerusalem, Halleluyah! Bless the One whose Presence fills the whole world, Amen! Amen!

page 33
(the page number in Siddur Sim Shalom for Shabbat and Festivals appears directly below this line)

***Page* 101**

וַיְבָרֶךְ דָּוִיד אֶת יְיָ, לְעֵינֵי כָּל הַקָּהָל, וַיֹּאמֶר דָּוִיד, בָּרוּךְ אַתָּה יְיָ אֱלֹהֵי יִשְׂרָאֵל אָבִינוּ, מֵעוֹלָם וְעַד עוֹלָם. לְךָ יְיָ הַגְּדֻלָּה וְהַגְּבוּרָה וְהַתִּפְאֶרֶת וְהַנֵּצַח וְהַהוֹד, כִּי כֹל בַּשָּׁמַיִם וּבָאָרֶץ, לְךָ יְיָ הַמַּמְלָכָה, וְהַמִּתְנַשֵּׂא לְכֹל לְרֹאשׁ. וְהָעֹשֶׁר וְהַכָּבוֹד מִלְּפָנֶיךָ, וְאַתָּה מוֹשֵׁל בַּכֹּל, וּבְיָדְךָ כֹּחַ וּגְבוּרָה, וּבְיָדְךָ לְגַדֵּל וּלְחַזֵּק לַכֹּל. וְעַתָּה אֱלֹהֵינוּ מוֹדִים אֲנַחְנוּ לָךְ וּמְהַלְלִים לְשֵׁם תִּפְאַרְתֶּךָ. **אַתָּה הוּא יְיָ לְבַדֶּךָ**, אַתָּה עָשִׂיתָ אֶת הַשָּׁמַיִם, שְׁמֵי הַשָּׁמַיִם, וְכָל צְבָאָם, הָאָרֶץ וְכָל אֲשֶׁר עָלֶיהָ, הַיַּמִּים וְכָל אֲשֶׁר בָּהֶם, וְאַתָּה מְחַיֶּה אֶת כֻּלָּם, וּצְבָא הַשָּׁמַיִם לְךָ מִשְׁתַּחֲוִים. אַתָּה הוּא יְיָ הָאֱלֹהִים, אֲשֶׁר בָּחַרְתָּ בְּאַבְרָם, וְהוֹצֵאתוֹ מֵאוּר כַּשְׂדִּים, וְשַׂמְתָּ שְׁמוֹ אַבְרָהָם. וּמָצָאתָ אֶת לְבָבוֹ נֶאֱמָן לְפָנֶיךָ –

Vay'varech david et Adonai, l'einei kol hakahal, vayomer david, baruch atah Adonai Elohei yisra'eil avinu, meiolam v'ad olam. L'cha Adonai hag'dulah v'hag'vurah v'hatiferet v'haneitzach v'hahod, ki chol bashamayim uva'aretz, l'cha Adonai hamamlachah, v'hamitnasei l'chol l'rosh. V'ha'osher v'hakavod mil'fanecha, v'atah mosheil bakol, uv'yad'cha koach ug'vurah, uv'yad'cha l'gadeil ul'chazeik lakol. V'atah Eloheinu modim anachnu lach um'hal'lim l'sheim tifartecha. **Atah hu Adonai l'vadecha**, atah asita et hashamayim, sh'mei hashamayim, v'chol tz'va'am, ha'aretz v'chol asher aleha, hayamim v'chol asher bahem, v'atah m'chayeh et kulam, utz'va hashamayim l'cha mishtachavim. Atah hu Adonai ha'elohim, asher bacharta b'avram, v'hotzeito meiur kasdim, v'samta sh'mo avraham. Umatzata et l'vavo ne'eman l'fanecha

Page 101 continued

וְכָרוֹת עִמּוֹ הַבְּרִית לָתֵת אֶת אֶֽרֶץ הַכְּנַעֲנִי, הַחִתִּי,
הָאֱמֹרִי, וְהַפְּרִזִּי, וְהַיְבוּסִי, וְהַגִּרְגָּשִׁי, לָתֵת לְזַרְעוֹ, וַתָּֽקֶם
אֶת דְּבָרֶֽיךָ, כִּי צַדִּיק אָֽתָּה. וַתֵּֽרֶא אֶת עֳנִי אֲבֹתֵֽינוּ
בְּמִצְרָֽיִם, וְאֶת זַעֲקָתָם שָׁמַֽעְתָּ עַל יַם סוּף. וַתִּתֵּן אֹתֹת
וּמֹפְתִים בְּפַרְעֹה, וּבְכָל עֲבָדָיו, וּבְכָל עַם אַרְצוֹ, כִּי
יָדַֽעְתָּ כִּי הֵזִֽידוּ עֲלֵיהֶם, וַתַּֽעַשׂ לְךָ שֵׁם כְּהַיּוֹם הַזֶּה.
וְהַיָּם בָּקַֽעְתָּ לִפְנֵיהֶם, וַיַּעַבְרוּ בְתוֹךְ הַיָּם בַּיַּבָּשָׁה, וְאֶת
רֹדְפֵיהֶם הִשְׁלַֽכְתָּ בִמְצוֹלֹת כְּמוֹ אֶֽבֶן בְּמַֽיִם עַזִּים.

V'charot imo hab'rit lateit et eretz hak'na'ani, hachiti, ha'emori, v'hap'rizi, v'hayvusi, v'hagirgashi, lateit l'zaro, vatakem et d'varecha, ki tzadik atah. Vateire et oni avoteinu b'mitzrayim, v'et za'akatam shamata al yam suf. Vatitein otot umof'tim b'faroh, uv'chol avadav, uv'chol am artzo, ki yadata ki heizidu aleihem, vata'as l'cha sheim k'hayom hazeh. V'hayam bakata lifneihem, vaya'avru b'toch hayam bayabashah, v'et rod'feihem hishlachta vimtzolot k'mo even b'mayim azim.

God, You carved a covenant with Abraham to grant him land and promise. You saw our People's suffering in Egypt, casued signs and wonders to free them, and for them split the Sea.

(the page number in Siddur Sim Shalom for Shabbat and Festivals appears directly below this line)

Page 102

וַיּֽוֹשַׁע יְיָ בַּיּוֹם הַהוּא אֶת יִשְׂרָאֵל מִיַּד מִצְרָֽיִם, וַיַּרְא
יִשְׂרָאֵל אֶת מִצְרַֽיִם מֵת עַל שְׂפַת הַיָּם. וַיַּרְא יִשְׂרָאֵל
אֶת הַיָּד הַגְּדֹלָה אֲשֶׁר עָשָׂה יְיָ בְּמִצְרַֽיִם וַיִּירְאוּ הָעָם
אֶת יְיָ, וַיַּאֲמִֽינוּ בַּייָ וּבְמֹשֶׁה עַבְדּוֹ.

Vayosha Adonai bayom hahu et yisra'eil miyad mitzrayim, vayar yisra'eil et mitzrayim meit al s'fat hayam. Vayar yisra'eil et hayad hag'dolah asher asah Adonai b'mitzrayim vayir'u ha'am et Adonai, vaya'aminu baya uv'mosheh avdo.

On that day You saved Israel from the hand of Egypt. On that day Israel saw Your Great Hand!

The Song of the Sea **Page 102 continued**

אָז יָשִׁיר מֹשֶׁה וּבְנֵי יִשְׂרָאֵל אֶת הַשִּׁירָה הַזֹּאת לַייָ,
וַיֹּאמְרוּ לֵאמֹר, אָשִׁירָה לַייָ כִּי גָאֹה גָּאָה, סוּס וְרֹכְבוֹ
רָמָה בַיָּם. עָזִּי וְזִמְרָת יָהּ וַיְהִי לִי לִישׁוּעָה, זֶה אֵלִי
וְאַנְוֵהוּ, אֱלֹהֵי אָבִי וַאֲרֹמְמֶנְהוּ. יְיָ אִישׁ מִלְחָמָה, יְיָ שְׁמוֹ.
מַרְכְּבֹת פַּרְעֹה וְחֵילוֹ יָרָה בַיָּם, וּמִבְחַר שָׁלִשָׁיו טֻבְּעוּ בְיַם
סוּף.

Az yashir mosheh uv'nei yisra'eil et hashirah hazot l'Adonai, vayomru leimor, ashirah l'Adonai ki ga'oh ga'ah, sus v'roch'vo ramah vayam. Ozi v'zimrat yah vay'hi li lishuah, zeh eili v'anveihu, Elohei avi va'arom'menhu. Adonai ish milchamah, Adonai sh'mo. Mark'vot paroh v'cheilo yarah vayam, umivchar shalishav tub'u v'yam suf.

Then sang Moses and the children of Israel this song to Adonai, and spoke, saying: I will sing to Adonai, for God is highly exalted; horse and rider has God thrown into the sea. Adonai is my strength and song, and is become my salvation; This is my God, Whom I will glorify; My ancestor's God, whom I will exalt. Adonai is warlike, Adonai is God's name. Pharaoh's chariots and his host are cast into the sea, his captains are sunk in the Red Sea.

page 37
(the page number in Siddur Sim Shalom for Shabbat and Festivals appears directly below this line)

Page 102 continued

תְּהֹמֹת יְכַסְיֻמוּ, יָרְדוּ בִמְצוֹלֹת כְּמוֹ אָבֶן. יְמִינְךָ יְיָ נֶאְדָּרִי בַּכֹּחַ, יְמִינְךָ יְיָ תִּרְעַץ אוֹיֵב. וּבְרֹב גְּאוֹנְךָ תַּהֲרֹס קָמֶיךָ, תְּשַׁלַּח חֲרֹנְךָ יֹאכְלֵמוֹ כַּקַּשׁ. וּבְרוּחַ אַפֶּיךָ נֶעֶרְמוּ מַיִם, נִצְּבוּ כְמוֹ נֵד נֹזְלִים, קָפְאוּ תְהֹמֹת בְּלֶב יָם. אָמַר אוֹיֵב אֶרְדֹּף אַשִּׂיג אֲחַלֵּק שָׁלָל, תִּמְלָאֵמוֹ נַפְשִׁי, אָרִיק חַרְבִּי, תּוֹרִישֵׁמוֹ יָדִי. נָשַׁפְתָּ בְרוּחֲךָ כִּסָּמוֹ יָם, צָלְלוּ כַּעוֹפֶרֶת בְּמַיִם אַדִּירִים.

T'homot y'chasyumu, yar'du vimtzolot k'mo aven. Y'min'cha Adonai nedari bakoach, y'min'cha Adonai tiratz oyeiv. Uv'rov g'on'cha taharos kamecha, t'shalach charon'cha yochleimo kakash. Uv'ruach apecha ne'ermu mayim, nitz'vu ch'mo neid noz'lim, kaf'u t'homot b'lev yam. Amar oyeiv erdof asig achaleik shalal, timla'eimo nafshi, arik charbi, torisheimo yadi. Nashafta v'ruchacha kisamo yam, tzal'lu ka'oferet b'mayim adirim.

The deeps cover them; they went down into the depths like a stone. Your right hand, Adonai, glorious in power, Your right hand, Adonai, dashes into pieces the enemy. And with the blast of Your nostrils the waters were piled up—the floods stood upright as a heap; The deeps were congealed in the heart of the sea. You sent your wind, the sea covered them; they sank as lead in the mighty waters.

page 38

(*the page number in Siddur Sim Shalom for Shabbat and Festivals appears directly below this line*)

Page 102 continued

מִי כָמֹֽכָה בָּאֵלִם יְיָ, מִי כָּמֹֽכָה נֶאְדָּר בַּקֹּֽדֶשׁ, נוֹרָא
תְהִלֹּת, עֹֽשֵׂה פֶֽלֶא. נָטִֽיתָ יְמִינְךָ, תִּבְלָעֵֽמוֹ אָֽרֶץ. נָחִֽיתָ
בְחַסְדְּךָ עַם זוּ גָּאָֽלְתָּ, נֵהַֽלְתָּ בְעָזְּךָ אֶל נְוֵה...

Mi chamochah ba'eilim Adonai, mi kamochah nedar bakodesh, nora t'hilot, oseih fele. Natita y'min'cha, tivla'eimo aretz. Nachita v'chasd'cha am zu ga'al'ta, neihalta v'oz'cha el n'veih...

Who is like You, Adonai, among the mighty? Who is like unto You, glorious in holiness, fearful in praises, doing wonders? You stretch out Your right hand— The earth swallowed them. You in love have led the people You have redeemed; You have guided them in strength to Your holy...

page 39
(the page number in Siddur Sim Shalom for Shabbat and Festivals appears directly below this line)

Page 103

...קָדְשֶׁךָ. שָׁמְעוּ עַמִּים יִרְגָּזוּן, חִיל אָחַז יֹשְׁבֵי פְּלָשֶׁת. אָז נִבְהֲלוּ אַלּוּפֵי אֱדוֹם, אֵילֵי מוֹאָב יֹאחֲזֵמוֹ רָעַד, נָמֹגוּ כֹּל יֹשְׁבֵי כְנָעַן. תִּפֹּל עֲלֵיהֶם אֵימָתָה וָפַחַד, בִּגְדֹל זְרוֹעֲךָ יִדְּמוּ כָּאָבֶן, עַד יַעֲבֹר עַמְּךָ יְיָ, עַד יַעֲבֹר עַם זוּ קָנִיתָ. תְּבִאֵמוֹ וְתִטָּעֵמוֹ בְּהַר נַחֲלָתְךָ, מָכוֹן לְשִׁבְתְּךָ פָּעַלְתָּ יְיָ, מִקְּדָשׁ, אֲדֹנָי, כּוֹנְנוּ יָדֶיךָ. יְיָ | **יִמְלֹךְ לְעֹלָם וָעֶד. יְיָ יִמְלֹךְ לְעֹלָם וָעֶד.** יְיָ מַלְכוּתֵהּ קָאֵם לְעָלַם וּלְעָלְמֵי עָלְמַיָּא. כִּי בָא סוּס פַּרְעֹה בְּרִכְבּוֹ וּבְפָרָשָׁיו בַּיָּם, וַיָּשֶׁב יְיָ עֲלֵהֶם אֶת מֵי הַיָּם, וּבְנֵי יִשְׂרָאֵל הָלְכוּ בַיַּבָּשָׁה בְּתוֹךְ הַיָּם.

...kodshecha. Sham'u amim yirgazun, chil achaz yosh'vei p'lashet. Az nivhalu alufei edom, eilei moav yochazeimo ra'ad, namogu kol yosh'vei ch'na'an. Tipol aleihem eimatah vafachad, bigdol z'roacha yid'mu ka'aven, ad ya'avor am'cha Adonai, ad ya'avor am zu kanita. T'vi'eimo v'tita'eimo b'har nacholat'cha, machon l'shivt'cha pa'alta Adonai, mik'dash, Adonai, kon'nu yadecha. **Adonai yimloch l'olam va'ed. Adonai yimloch l'olam va'ed.** Adonai malchuteih ka'eim l'alam ul'al'mei al'maya. Ki va sus paroh b'richbo uv'farashav bayam, vayashev Adonai aleihem et mei hayam, uv'nei yisra'eil hal'chu vayabashah b'toch hayam.

...place. Till Your people pass over, Adonai, Till the people pass over that You have acquired! You bring them in, and plant them in the mountain of Your inheritance, the place, Adonai, which You have made to dwell in, the sanctuary, Adonai, which Your hands have established. Adonai shall reign for ever and ever!

(the page number in Siddur Sim Shalom for Shabbat and Festivals appears directly below this line)

Page 103 continued

כִּי לַייָ הַמְּלוּכָה, וּמֹשֵׁל בַּגּוֹיִם. וְעָלוּ מוֹשִׁעִים בְּהַר צִיּוֹן
לִשְׁפֹּט אֶת הַר עֵשָׂו, וְהָיְתָה לַייָ הַמְּלוּכָה. וְהָיָה יְיָ
לְמֶלֶךְ עַל כָּל הָאָרֶץ, בַּיּוֹם הַהוּא יִהְיֶה יְיָ אֶחָד וּשְׁמוֹ
אֶחָד.

Ki l'Adonai ham'luchah, umosheil bagoyim. V'alu moshi'im b'har tziyon lishpot et har eisav, v'hay'tah l'Adonai ham'luchah. V'hayah Adonai lemelech al kol ha'aretz, bayom hahu yihyeh Adonai echad ush'mo echad.

One day Adonai will be One and God's name Echad - One!

please be seated

Nishmat

Page 104

נִשְׁמַת כָּל חַי, תְּבָרֵךְ אֶת שִׁמְךָ יְיָ אֱלֹהֵינוּ, וְרוּחַ כָּל בָּשָׂר תְּפָאֵר וּתְרוֹמֵם זִכְרְךָ מַלְכֵּנוּ תָּמִיד, מִן הָעוֹלָם וְעַד הָעוֹלָם אַתָּה אֵל, וּמִבַּלְעָדֶיךָ אֵין לָנוּ מֶלֶךְ גּוֹאֵל וּמוֹשִׁיעַ, פּוֹדֶה וּמַצִּיל וּמְפַרְנֵס וּמְרַחֵם בְּכָל עֵת צָרָה וְצוּקָה, אֵין לָנוּ מֶלֶךְ אֶלָּא אָתָּה. אֱלֹהֵי הָרִאשׁוֹנִים וְהָאַחֲרוֹנִים, אֱלוֹהַּ כָּל בְּרִיּוֹת, אֲדוֹן כָּל תּוֹלָדוֹת, הַמְהֻלָּל בְּרֹב הַתִּשְׁבָּחוֹת, הַמְנַהֵג עוֹלָמוֹ בְּחֶסֶד, וּבְרִיּוֹתָיו בְּרַחֲמִים. **וַייָ לֹא יָנוּם וְלֹא יִישָׁן,** הַמְעוֹרֵר יְשֵׁנִים וְהַמֵּקִיץ נִרְדָּמִים, וְהַמֵּשִׂיחַ אִלְּמִים, וְהַמַּתִּיר אֲסוּרִים, וְהַסּוֹמֵךְ נוֹפְלִים, וְהַזּוֹקֵף כְּפוּפִים, לְךָ לְבַדְּךָ אֲנַחְנוּ מוֹדִים.

Nishmat kol chai, t'vareich et shimcha Adonai Eloheinu, v'ruach kol basar t'fa'eir ut'romeim zichr'cha malkeinu tamid, min ha'olam v'ad ha'olam atah eil, umibaladecha ein lanu melech goeil umoshi'a, podeh umatzil um'farneis um'racheim b'chol eit tzarah v'tzukah, ein lanu melech ela atah. Elohei harishonim v'ha'acharonim, eloha kol b'riyot, adon kol toladot, hamhulal b'rov hatishbachot, hamnaheig olamo b'chesed, uv'riyotav b'rachamim. **V'Adonai lo yanum v'lo yishan,** hamoreir y'sheinim v'hameikitz nirdamim, v'hameisi'ach il'mim, v'hamatir asurim, v'hasomeich nof'lim, v'hazokeif k'fufim, l'cha l'vad'cha anachnu modim.

The breath of all life blesses You, God. God of old, Life-force of every creature, Who guides the world with Love, frees the bound, to You alone do we give thanks.

(the page number in Siddur Sim Shalom for Shabbat and Festivals appears directly below this line)

Page 104 continued

אִלּוּ פִֽינוּ מָלֵא שִׁירָה כַּיָּם,
וּלְשׁוֹנֵֽנוּ רִנָּה כַּהֲמוֹן גַּלָּיו,
וְשִׂפְתוֹתֵֽינוּ שֶֽׁבַח כְּמֶֽרְחֲבֵי רָקִֽיעַ,
וְעֵינֵֽינוּ מְאִירוֹת כַּשֶּֽׁמֶשׁ וְכַיָּרֵֽחַ,
וְיָדֵֽינוּ פְרוּשׂוֹת כְּנִשְׁרֵי שָׁמָֽיִם, וְרַגְלֵֽינוּ קַלּוֹת כָּאַיָּלוֹת,
אֵין אֲנַֽחְנוּ מַסְפִּיקִים לְהוֹדוֹת לְךָ,
יְיָ אֱלֹהֵֽינוּ וֵאלֹהֵי אֲבוֹתֵֽינוּ,
וּלְבָרֵךְ אֶת שְׁמֶֽךָ, עַל אַחַת מֵאָֽלֶף אֶֽלֶף אַלְפֵי אֲלָפִים
וְרִבֵּי רְבָבוֹת פְּעָמִים הַטּוֹבוֹת
שֶׁעָשִֽׂיתָ עִם אֲבוֹתֵֽינוּ וְעִמָּֽנוּ.

Ilu finu malei shirah kaya
m, ul'shoneinu rinah kahamon galav,
v'siftoteinu shevach k'merchavei raki'a,
v'eineinu m'irot kashemesh v'chayarei'ach,
v'yadeinu f'rusot k'nishrei shamayim,
v'ragleinu kalot ka'ayalot,
ein anachnu maspikim l'hodot l'cha,
Adonai Eloheinu v'Elohei avoteinu,
ul'vareich et sh'mecha,
al achat mei'alef elef alfei alafim v'ribei r'vavot
p'amim, hatovot she'asita im avoteinu v'imanu.

Were our mouths as full of song as the sea, our tounges fluid as waves, lips as expansive as the firmament, eyes as illuminated as the sun and moon, hands oustretched as eagles, feet light as gazelles, that still wouldn't suffice to describe our gratitude for all the good in our lives which inspires deep gratitude.

page 43

(the page number in Siddur Sim Shalom for Shabbat and Festivals appears directly below this line)

Page 104 continued

מִמִּצְרַיִם גְּאַלְתָּנוּ, יְיָ אֱלֹהֵינוּ, וּמִבֵּית עֲבָדִים פְּדִיתָנוּ. בְּרָעָב זַנְתָּנוּ, וּבְשָׂבָע כִּלְכַּלְתָּנוּ, מֵחֶרֶב הִצַּלְתָּנוּ, וּמִדֶּבֶר מִלַּטְתָּנוּ, וּמֵחֳלָיִם רָעִים וְנֶאֱמָנִים דִּלִּיתָנוּ. עַד הֵנָּה עֲזָרוּנוּ רַחֲמֶיךָ, וְלֹא עֲזָבוּנוּ חֲסָדֶיךָ, וְאַל תִּטְּשֵׁנוּ, יְיָ אֱלֹהֵינוּ, לָנֶצַח.

Mimitzrayim g'altanu, Adonai Eloheinu, umibeit avadim p'ditanu. B'ra'av zantanu, uv'sava kilkoltanu, meicherev hitzaltanu, umidever milattanu, umeicholayim raim v'ne'emanim dilitanu. Ad heinah azarunu rachamecha, v'lo azavunu chasadecha, v'al tit'sheinu, Adonai Eloheinu, lanetzach.

from Egypt did You redeem us, Adonai, and from the house of bondage did You free us. In our hunger You nourished us, in our contentment you nurtured us, from the sword did You save us, from plague You protected us. To this day Your love has not left us. Never leave us, Adonai!

page 44

(the page number in Siddur Sim Shalom for Shabbat and Festivals appears directly below this line)

Page 105

עַל כֵּן אֵבָרִים שֶׁפִּלַּגְתָּ בָּנוּ, וְרוּחַ וּנְשָׁמָה שֶׁנָּפַחְתָּ בְּאַפֵּינוּ, וְלָשׁוֹן אֲשֶׁר שַׂמְתָּ בְּפִינוּ, הֵן הֵם יוֹדוּ וִיבָרְכוּ וִישַׁבְּחוּ וִיפָאֲרוּ וִירוֹמְמוּ וְיַעֲרִיצוּ וְיַקְדִּישׁוּ וְיַמְלִיכוּ אֶת שִׁמְךָ מַלְכֵּנוּ. כִּי כָל פֶּה לְךָ יוֹדֶה, וְכָל לָשׁוֹן לְךָ תִשָּׁבַע, וְכָל בֶּרֶךְ לְךָ תִכְרַע, וְכָל קוֹמָה לְפָנֶיךָ תִשְׁתַּחֲוֶה, וְכָל לְבָבוֹת יִירָאוּךָ, וְכָל קֶרֶב וּכְלָיוֹת יְזַמְּרוּ לִשְׁמֶךָ, כַּדָּבָר שֶׁכָּתוּב, כָּל עַצְמוֹתַי תֹּאמַרְנָה, יְיָ, מִי כָמוֹךָ, מַצִּיל עָנִי מֵחָזָק מִמֶּנּוּ, וְעָנִי וְאֶבְיוֹן מִגֹּזְלוֹ. מִי יִדְמֶה לָּךְ, וּמִי יִשְׁוֶה לָּךְ, וּמִי יַעֲרָךְ לָךְ, הָאֵל הַגָּדוֹל הַגִּבּוֹר וְהַנּוֹרָא, אֵל עֶלְיוֹן, קֹנֵה שָׁמַיִם וָאָרֶץ. **נְהַלֶּלְךָ וּנְשַׁבֵּחֲךָ וּנְפָאֶרְךָ**, וּנְבָרֵךְ אֶת שֵׁם קָדְשֶׁךָ, כָּאָמוּר, לְדָוִד, בָּרְכִי נַפְשִׁי אֶת יְיָ, וְכָל קְרָבַי אֶת שֵׁם קָדְשׁוֹ.

Al kein eivarim shepilagta banu, v'ruach un'shamah shenafachta b'apeinu, v'lashon asher samta b'finu, hein heim yodu vivar'chu vishab'chu vifa'aru virom'mu v'ya'aritzu v'yakdishu v'yamlichu et shimcha malkeinu. Ki chol peh l'cha yodeh, v'chol lashon l'cha tishava, v'chol berech l'cha tichra, v'chol komah l'fanecha tishtachaveh, v'chol l'vavot yiraucha, v'chol kerev uch'layot y'zam'ru lishmecha, kadavar shekatuv, kol atzmotai tomarnah, Adonai, mi chamocha, matzil ani meichazak mimenu, v'ani v'evyon migoz'lo. Mi yidmeh lach, umi yishveh lach, umi ya'aroch lach, ha'eil hagadol hagibor v'hanora, eil elyon, koneih shamayim va'aretz. **N'halelcha un'shabeichacha un'fa'ercha**, un'vareich et sheim kod'shecha, ka'amur, l'david, bar'chi nafshi et Adonai, v'chol k'ravai et sheim kod'sho.

My soul blesses Adonai, and every part of my physical body reaches for God.

page 45
(the page number in Siddur Sim Shalom for Shabbat and Festivals appears directly below this line)

Page 105 continued

הָאֵל בְּתַעֲצֻמוֹת עֻזֶּךָ, הַגָּדוֹל בִּכְבוֹד שְׁמֶךָ, הַגִּבּוֹר לָנֶצַח, וְהַנּוֹרָא בְּנוֹרְאוֹתֶיךָ, הַמֶּלֶךְ הַיּוֹשֵׁב עַל כִּסֵּא רָם וְנִשָּׂא.

Ha'eil b'ta'atzumot uzecha, hagadol bichvod sh'mecha, hagibor lanetzach, v'hanora b'nor'otecha, hamelech hayosheiv al kisei ram v'nisa.

Enthroned God, Your Name and Power are Your Essence.

The person leading "Shacharit" begins here

שׁוֹכֵן עַד, מָרוֹם וְקָדוֹשׁ שְׁמוֹ. וְכָתוּב, רַנְּנוּ צַדִּיקִים בַּייָ, לַיְשָׁרִים נָאוָה תְהִלָּה. בְּפִי יְשָׁרִים תִּתְהַלָּל, וּבְדִבְרֵי צַדִּיקִים תִּתְבָּרַךְ, וּבִלְשׁוֹן חֲסִידִים תִּתְרוֹמָם, וּבְקֶרֶב קְדוֹשִׁים תִּתְקַדָּשׁ.

Shochein ahd, marom v'kadosh sh'mo. V'chatuv, ran'nu tzadikim b'Adonai, laysharim navah t'hilah. B'fi y'sharim tithalal, uv'divrei tzadikim titbarach, uvilshon chasidim titromam, uv'kerev k'doshim titkadash.

By our mouths, words, tongues, and souls You are sanctified, You Who Dwells within Eternity.

page 46
(the page number in Siddur Sim Shalom for Shabbat and Festivals appears directly below this line)

Page 105 continued

וּבְמַקְהֲלוֹת רִבְבוֹת עַמְּךָ בֵּית יִשְׂרָאֵל, בְּרִנָּה יִתְפָּאַר שִׁמְךָ מַלְכֵּנוּ, בְּכָל דּוֹר וָדוֹר, שֶׁכֵּן חוֹבַת כָּל הַיְצוּרִים, לְפָנֶיךָ יְיָ אֱלֹהֵינוּ וֵאלֹהֵי אֲבוֹתֵינוּ, לְהוֹדוֹת, לְהַלֵּל, לְשַׁבֵּחַ, לְפָאֵר, לְרוֹמֵם, לְהַדֵּר, לְבָרֵךְ, לְעַלֵּה וּלְקַלֵּס, עַל כָּל דִּבְרֵי שִׁירוֹת וְתִשְׁבְּחוֹת דָּוִד בֶּן יִשַׁי עַבְדְּךָ מְשִׁיחֶךָ.

Uv'mak'halot rivevot am'cha beit yisra'eil, b'rinah yitpa'ar shimcha malkeinu, b'chol dor vador, shekein chovat kol haytzurim, l'fanecha Adonai Eloheinu v'Elohei avoteinu, l'hodot, l'haleil, l'shabei'ach, l'fa'eir, l'romeim, l'hadeir, l'vareich, l'aleih ul'kaleis, al kol divrei shirot v'tishb'chot david ben yishai avd'cha m'shichecha.

In the many gatherings of the House of Israel, in every generation, let song rise up!

Yishtabach Page 106

יִשְׁתַּבַּח שִׁמְךָ לָעַד מַלְכֵּנוּ, הָאֵל הַמֶּלֶךְ הַגָּדוֹל וְהַקָּדוֹשׁ בַּשָּׁמַיִם וּבָאָרֶץ. כִּי לְךָ נָאֶה, יְיָ אֱלֹהֵינוּ וֵאלֹהֵי אֲבוֹתֵינוּ, שִׁיר וּשְׁבָחָה, הַלֵּל וְזִמְרָה, עֹז וּמֶמְשָׁלָה, נֶצַח, גְּדֻלָּה וּגְבוּרָה, תְּהִלָּה וְתִפְאֶרֶת, קְדֻשָּׁה וּמַלְכוּת. בְּרָכוֹת וְהוֹדָאוֹת מֵעַתָּה וְעַד עוֹלָם. **בָּרוּךְ אַתָּה יְיָ**, אֵל מֶלֶךְ גָּדוֹל בַּתִּשְׁבָּחוֹת, אֵל הַהוֹדָאוֹת, אֲדוֹן הַנִּפְלָאוֹת, הַבּוֹחֵר בְּשִׁירֵי זִמְרָה, מֶלֶךְ, אֵל, חֵי הָעוֹלָמִים.

Yishtabach shimcha la'ad malkeinu, ha'eil hamelech hagadol v'hakadosh bashamayim uva'aretz. Ki l'cha na'eh, Adonai Eloheinu v'Elohei avoteinu, shir ush'vachah, haleil v'zimrah, oz umemshalah, netzach, g'dulah ug'vurah, t'hilah v'tiferet, k'dushah umalchut. B'rachot v'hoda'ot mei'atah v'ad olam. **Baruch atah Adonai**, eil melech gadol batishbachot, eil hahoda'ot, adon hanifla'ot, habocheir b'shirei zimrah, melech, eil, chei ha'olamim.

You, Master of Wonders, You delight in our songs and melodies. You are our Sovereign, God, Life-force of the Universe!

(the page number in Siddur Sim Shalom for Shabbat and Festivals appears directly below this line)

Chatzi (Half) Kaddish **Page 106 continued**

יִתְגַּדַּל וְיִתְקַדַּשׁ שְׁמֵהּ רַבָּא. בְּעָלְמָא דִּי בְרָא כִּרְעוּתֵהּ, וְיַמְלִיךְ מַלְכוּתֵהּ בְּחַיֵּיכוֹן וּבְיוֹמֵיכוֹן וּבְחַיֵּי דְכָל בֵּית יִשְׂרָאֵל, בַּעֲגָלָא וּבִזְמַן קָרִיב, וְאִמְרוּ אָמֵן.

Yitgadal v'yitkadash sh'meih raba. B'al'ma di v'ra chiruteih, v'yamlich malchuteih b'chayeichon uv'yomeichon uv'chayei d'chol beit yisra'eil, ba'agala uvizman kariv, v'imru amein.

יְהֵא שְׁמֵהּ רַבָּא מְבָרַךְ לְעָלַם וּלְעָלְמֵי עָלְמַיָּא.

Y'hei sh'meih raba m'varach l'alam ul'al'mei al'maya.

יִתְבָּרַךְ וְיִשְׁתַּבַּח וְיִתְפָּאַר וְיִתְרוֹמַם וְיִתְנַשֵּׂא וְיִתְהַדָּר וְיִתְעַלֶּה וְיִתְהַלָּל שְׁמֵהּ דְּקֻדְשָׁא בְּרִיךְ הוּא, לְעֵלָּא מִן כָּל (לְעֵלָּא לְעֵלָּא מִכָּל) בִּרְכָתָא וְשִׁירָתָא תֻּשְׁבְּחָתָא וְנֶחֱמָתָא, דַּאֲמִירָן בְּעָלְמָא, וְאִמְרוּ אָמֵן.

Yitbarach v'yishtabach v'yitpa'ar v'yitromam v'yitnasei v'yithadar v'yitaleh v'yithalal sh'meih d'kudsha b'rich hu, l'eila min kol (*on Shabbat Shuvah*: l'eila l'eila mikol) birchata v'shirata tushb'chata v'nechemata, da'amiran b'al'ma, v'imru amein.

[a translation of Half Kaddish is found on page 106 in Siddur Sim Shalom.]

Barchu

Page 107

Leader: בָּרְכוּ אֶת יְיָ הַמְבֹרָךְ.
Congregation: בָּרוּךְ יְיָ הַמְבֹרָךְ לְעוֹלָם וָעֶד.
Leader: בָּרוּךְ יְיָ הַמְבֹרָךְ לְעוֹלָם וָעֶד.

Leader: Bar'chu et Adonai hamvorach.
Congregation: Baruch Adonai ham'vorach l'olam va'ed.
Leader: Baruch Adonai ham'vorach l'olam va'ed.

Bless Adonai Who is to be blessed!
Bless Adonai forever!

בָּרוּךְ אַתָּה יְיָ, אֱלֹהֵינוּ מֶלֶךְ הָעוֹלָם, יוֹצֵר אוֹר וּבוֹרֵא חֹשֶׁךְ, עֹשֶׂה שָׁלוֹם וּבוֹרֵא אֶת הַכֹּל.

Baruch atah Adonai, Eloheinu melech ha'olam, yotzeir or uvorei choshech, oseh shalom uvorei et hakol.

Blessed are You, Adonai, Who forms light and creates darkness, makes peace and creates everything.

(the page number in Siddur Sim Shalom for Shabbat and Festivals appears directly below this line)

Page 107 continued

הַכֹּל יוֹדוּךָ, וְהַכֹּל יְשַׁבְּחוּךָ, וְהַכֹּל יֹאמְרוּ, אֵין קָדוֹשׁ כַּייָ. הַכֹּל יְרוֹמְמוּךָ סֶּלָה, יוֹצֵר הַכֹּל. הָאֵל הַפּוֹתֵחַ בְּכָל יוֹם דַּלְתוֹת שַׁעֲרֵי מִזְרָח, וּבוֹקֵעַ חַלּוֹנֵי רָקִיעַ, מוֹצִיא חַמָּה מִמְּקוֹמָהּ, וּלְבָנָה מִמְּכוֹן שִׁבְתָּהּ, וּמֵאִיר לָעוֹלָם כֻּלּוֹ וּלְיוֹשְׁבָיו, שֶׁבָּרָא בְּמִדַּת הָרַחֲמִים. הַמֵּאִיר לָאָרֶץ וְלַדָּרִים עָלֶיהָ בְּרַחֲמִים. **וּבְטוּבוֹ מְחַדֵּשׁ בְּכָל יוֹם תָּמִיד מַעֲשֵׂה בְרֵאשִׁית**. הַמֶּלֶךְ הַמְרוֹמָם לְבַדּוֹ מֵאָז, הַמְשֻׁבָּח וְהַמְפֹאָר וְהַמִּתְנַשֵּׂא מִימוֹת עוֹלָם. אֱלֹהֵי עוֹלָם, בְּרַחֲמֶיךָ הָרַבִּים רַחֵם עָלֵינוּ. אֲדוֹן עֻזֵּנוּ צוּר מִשְׂגַּבֵּנוּ, מָגֵן יִשְׁעֵנוּ, מִשְׂגָּב בַּעֲדֵנוּ.

Hakol yoducha, v‘hakol y‘shab‘chucha, v‘hakol yomru, ein kadosh k‘Adonai. Hakol y‘rom‘mucha selah, yotzeir hakol. Ha‘eil hapotei‘ach b’chol yom daltot sha‘arei mizrach, uvokei‘a chalonei raki‘a, motzi chamah mim‘komah, ul‘vanah mim‘chon shivtah, umeiir la‘olam kulo ul‘yosh‘vav, shebara b‘midat harachamim. Hameiir la‘aretz v‘ladarim aleha b‘rachamim. **Uv‘tuvo m‘chadeish b’chol yom tamid ma‘aseih v‘reishit.** Hamelech hamromam l‘vado mei‘az, hamshubach v‘hamfoar v‘hamitnasei mimot olam. Elohei olam, b‘rachamecha harabim racheim aleinu. Adon uzeinu tzur misgabeinu, magein yisheinu, misgav ba‘adeinu.

God continues the work of creation every day!

Page 107 continued

אֵין כְּעֶרְכֶּךָ וְאֵין זוּלָתֶךָ, אֶפֶס בִּלְתֶּךָ, וּמִי דּוֹמֶה לָּךְ. אֵין כְּעֶרְכְּךָ, יְיָ אֱלֹהֵינוּ, בָּעוֹלָם הַזֶּה, וְאֵין זוּלָתְךָ מַלְכֵּנוּ לְחַיֵּי הָעוֹלָם הַבָּא. אֶפֶס בִּלְתְּךָ גּוֹאֲלֵנוּ לִימוֹת הַמָּשִׁיחַ, וְאֵין דּוֹמֶה לְּךָ מוֹשִׁיעֵנוּ לִתְחִיַּת הַמֵּתִים.

Ein k'erkecha v'ein zulatecha, efes biltecha, umi domeh lach. Ein k'erk'cha, Adonai Eloheinu, ba'olam hazeh, v'ein zulat'cha malkeinu l'chayei ha'olam haba. Efes bilt'cha goaleinu limot hamashi'ach, v'ein domeh l'cha moshi'einu litchiyat hameitim.

> *There is no way to measure You, God.*
> *There exists nothing beside You,*
> *nothing to compare!*

page 52
(the page number in Siddur Sim Shalom for Shabbat and Festivals appears directly below this line)

Page 108

אֵל אָדוֹן עַל כָּל הַמַּעֲשִׂים,
בָּרוּךְ וּמְבֹרָךְ בְּפִי כָּל נְשָׁמָה,
גָּדְלוֹ וְטוּבוֹ מָלֵא עוֹלָם,
דַּעַת וּתְבוּנָה סֹבְבִים אוֹתוֹ.

Eil adon al kol hama'asim,
baruch um'vorach b'fi kol n'shamah,
gad'lo v'tuvo malei olam,
da'at ut'vunah sov'vim oto.

הַמִּתְגָּאֶה עַל חַיּוֹת הַקֹּדֶשׁ,
וְנֶהְדָּר בְּכָבוֹד עַל הַמֶּרְכָּבָה,
זְכוּת וּמִישׁוֹר לִפְנֵי כִסְאוֹ,
חֶסֶד וְרַחֲמִים לִפְנֵי כְבוֹדוֹ.

Hamitga'eh al chayot hakodesh,
v'nehdar b'chavod al hamerkavah,
z'chut umishor lifnei chiso,
chesed v'rachamim lifnei ch'vodo.

טוֹבִים מְאוֹרוֹת שֶׁבָּרָא אֱלֹהֵינוּ,
יְצָרָם בְּדַעַת בְּבִינָה וּבְהַשְׂכֵּל,
כֹּחַ וּגְבוּרָה נָתַן בָּהֶם,
לִהְיוֹת מוֹשְׁלִים בְּקֶרֶב תֵּבֵל.

Tovim m'orot shebara Eloheinu,
y'tzaram b'da'at b'vinah uv'haskeil,
koach ug'vurah natan bahem,
lihyot mosh'lim b'kerev teiveil.

*Angels sing, magesty and goodness rush,
all to proclaim God's Presence.*

Page 108 continued

מְלֵאִים זִיו וּמְפִיקִים נֹגַהּ,
נָאֶה זִיוָם בְּכָל הָעוֹלָם,
שְׂמֵחִים בְּצֵאתָם וְשָׂשִׂים בְּבוֹאָם,
עֹשִׂים בְּאֵימָה רְצוֹן קוֹנָם.

M'leiim ziv um'fikim nogah,
na'eh zivam b'chol ha'olam,
s'meichim b'tzeitam v'sasim b'voam,
osim b'eimah r'tzon konam.

פְּאֵר וְכָבוֹד נוֹתְנִים לִשְׁמוֹ,
צָהֳלָה וְרִנָּה לְזֵכֶר מַלְכוּתוֹ,
קָרָא לַשֶּׁמֶשׁ וַיִּזְרַח אוֹר,
רָאָה וְהִתְקִין צוּרַת הַלְּבָנָה.

P'eir v'chavod not'nim lishmo,
tzaholah v'rinah l'zeicher malchuto,
kara lashemesh vayizrach or,
ra'ah v'hitkin tzurat hal'vanah.

שֶׁבַח נוֹתְנִים לוֹ כָּל צְבָא מָרוֹם,
תִּפְאֶרֶת וּגְדֻלָּה,
שְׂרָפִים וְאוֹפַנִּים וְחַיּוֹת הַקֹּדֶשׁ.

Shevach not'nim lo kol tz'va marom,
tiferet ug'dulah,
s'rafim v'ofanim v'chayot hakodesh.

Beauty and grandeur, fiery angels and holy beings - all the host of the Heavens - encircle God with praise.

לָאֵל אֲשֶׁר שָׁבַת מִכָּל הַמַּעֲשִׂים, בַּיּוֹם הַשְּׁבִיעִי הִתְעַלָּה וְיָשַׁב עַל כִּסֵּא כְבוֹדוֹ, תִּפְאֶרֶת עָטָה לְיוֹם הַמְּנוּחָה, עֹנֶג קָרָא לְיוֹם הַשַּׁבָּת. זֶה שֶׁבַח שֶׁל יוֹם הַשְּׁבִיעִי, שֶׁבּוֹ שָׁבַת אֵל מִכָּל מְלַאכְתּוֹ, וְיוֹם הַשְּׁבִיעִי מְשַׁבֵּחַ וְאוֹמֵר, מִזְמוֹר שִׁיר לְיוֹם הַשַּׁבָּת, טוֹב לְהוֹדוֹת לַייָ.

La'eil asher shavat mikol hama'asim, bayom hashvi'i hitalah v'yashav al kisei ch'vodo, tiferet atah l'yom ham'nuchah, oneg kara l'yom haShabbat. Zeh shevach shel yom hashvi'i, shebo shavat eil mikol m'lachto, v'yom hashvi'i m'shabei'ach v'omeir, mizmor shir l'yom haShabbat, tov l'hodot l'Adonai.

לְפִיכָךְ יְפָאֲרוּ וִיבָרְכוּ לָאֵל כָּל יְצוּרָיו, שֶׁבַח יְקָר וּגְדֻלָּה יִתְּנוּ לָאֵל מֶלֶךְ יוֹצֵר כֹּל, הַמַּנְחִיל מְנוּחָה לְעַמּוֹ יִשְׂרָאֵל בִּקְדֻשָּׁתוֹ, בְּיוֹם שַׁבַּת קֹדֶשׁ. שִׁמְךָ יְיָ אֱלֹהֵינוּ יִתְקַדַּשׁ, וְזִכְרְךָ מַלְכֵּנוּ יִתְפָּאַר, בַּשָּׁמַיִם מִמַּעַל וְעַל הָאָרֶץ מִתָּחַת. תִּתְבָּרַךְ מוֹשִׁיעֵנוּ עַל שֶׁבַח מַעֲשֵׂה יָדֶיךָ, וְעַל מְאוֹרֵי אוֹר שֶׁעָשִׂיתָ יְפָאֲרוּךָ סֶּלָה.

L'fichach y'fa'aru vivar'chu la'eil kol y'tzurav, shevach y'kar ug'dulah yit'nu la'eil melech yotzeir kol, hamanchil m'nuchah l'amo yisra'eil bikdushato, b'yom Shabbat kodesh. Shimcha Adonai Eloheinu yitkadash, v'zichr'cha malkeinu yitpa'ar, bashamayim mima'al v'al ha'aretz mitachat. Titbarach moshi'einu al shevach ma'aseih yadecha, v'al m'orei or she'asita y'fa'arucha selah.

We sing with the One Who ceased from the work of Creation on the Seventh day, a special day set aside for rest.

Page 110

תִּתְבָּרַךְ צוּרֵנוּ מַלְכֵּנוּ וְגֹאֲלֵנוּ בּוֹרֵא קְדוֹשִׁים, יִשְׁתַּבַּח שִׁמְךָ לָעַד מַלְכֵּנוּ, יוֹצֵר מְשָׁרְתִים, וַאֲשֶׁר מְשָׁרְתָיו כֻּלָּם עוֹמְדִים בְּרוּם עוֹלָם, וּמַשְׁמִיעִים בְּיִרְאָה יַחַד בְּקוֹל, דִּבְרֵי אֱלֹהִים חַיִּים וּמֶלֶךְ עוֹלָם. כֻּלָּם אֲהוּבִים, כֻּלָּם בְּרוּרִים, כֻּלָּם גִּבּוֹרִים, וְכֻלָּם עֹשִׂים בְּאֵימָה וּבְיִרְאָה רְצוֹן קוֹנָם. **וְכֻלָּם פּוֹתְחִים** אֶת פִּיהֶם בִּקְדֻשָּׁה וּבְטָהֳרָה, בְּשִׁירָה וּבְזִמְרָה, וּמְבָרְכִים וּמְשַׁבְּחִים, וּמְפָאֲרִים וּמַעֲרִיצִים, וּמַקְדִּישִׁים וּמַמְלִיכִים...

Titbarach tzureinu malkeinu v'goaleinu borei k'doshim, yishtabach shimcha la'ad malkeinu, yotzeir m'shar'tim, va'asher m'shar'tav kulam om'dim b'rum olam, umashmiim b'yirah yachad b'kol, divrei elohim chayim umelech olam. Kulam ahuvim, kulam b'rurim, kulam giborim, v'chulam osim b'eimah uv'yirah r'tzon konam. **V'chulam pot'chim** et pihem bikdushah uv'tahorah, b'shirah uv'zimrah, um'var'chim um'shab'chim, um'fa'arim uma'aritzim, umakdishim umamlichim...

We open ourselves, voices purely offered in song and wordless melody, in blessing and praise, adorning and extolling, sanctifying and coronating...

(the page number in Siddur Sim Shalom for Shabbat and Festivals appears directly below this line)

Page 110 continued

אֶת שֵׁם הָאֵל, הַמֶּלֶךְ הַגָּדוֹל, הַגִּבּוֹר וְהַנּוֹרָא, קָדוֹשׁ הוּא. וְכֻלָּם מְקַבְּלִים עֲלֵיהֶם עֹל מַלְכוּת שָׁמַיִם זֶה מִזֶּה, וְנוֹתְנִים רְשׁוּת זֶה לָזֶה, לְהַקְדִּישׁ לְיוֹצְרָם בְּנַחַת רוּחַ, בְּשָׂפָה בְרוּרָה וּבִנְעִימָה, קְדֻשָּׁה כֻּלָּם כְּאֶחָד עוֹנִים וְאוֹמְרִים בְּיִרְאָה:

Et sheim ha'eil, hamelech hagadol, hagibor v'hanora, kadosh hu. V'chulam m'kab'lim aleihem ol malchut shamayim zeh mizeh, v'not'nim r'shut zeh lazeh, l'hakdish l'yotz'ram b'nachat ruach, b'safah v'rurah uvinimah, k'dushah kulam k'echad onim v'om'rim b'yirah:

קָדוֹשׁ, קָדוֹשׁ, קָדוֹשׁ, יְיָ צְבָאוֹת, מְלֹא כָל הָאָרֶץ כְּבוֹדוֹ.

Kadosh, kadosh, kadosh, Adonai tz'va'ot, m'lo chol ha'aretz k'vodo.

וְהָאוֹפַנִּים וְחַיּוֹת הַקֹּדֶשׁ בְּרַעַשׁ גָּדוֹל מִתְנַשְּׂאִים לְעֻמַּת שְׂרָפִים, לְעֻמָּתָם מְשַׁבְּחִים וְאוֹמְרִים:

V'ha'ofanim v'chayot hakodesh b'ra'ash gadol mitnasim l'umat s'rafim, l'umatam m'shab'chim v'om'rim:

בָּרוּךְ כְּבוֹד יְיָ מִמְּקוֹמוֹ.

Baruch k'vod Adonai mim'komo.

Holy, Holy, Holy is Adonai Tzeva'ot, the fullness of the world is God's Holiness!

(the page number in Siddur Sim Shalom for Shabbat and Festivals appears directly below this line)

Page 110 continued

לְאֵל בָּרוּךְ נְעִימוֹת יִתֵּנוּ, לְמֶלֶךְ אֵל חַי וְקַיָּם זְמִרוֹת יֹאמֵרוּ וְתִשְׁבָּחוֹת יַשְׁמִיעוּ, כִּי הוּא לְבַדּוֹ פּוֹעֵל גְּבוּרוֹת, עֹשֶׂה חֲדָשׁוֹת, בַּעַל מִלְחָמוֹת, זוֹרֵעַ צְדָקוֹת, מַצְמִיחַ יְשׁוּעוֹת, בּוֹרֵא רְפוּאוֹת, נוֹרָא תְהִלּוֹת, אֲדוֹן הַנִּפְלָאוֹת, הַמְחַדֵּשׁ בְּטוּבוֹ בְּכָל יוֹם תָּמִיד מַעֲשֵׂה בְרֵאשִׁית. כָּאָמוּר, לְעֹשֵׂה אוֹרִים גְּדֹלִים, כִּי לְעוֹלָם חַסְדּוֹ. אוֹר חָדָשׁ עַל צִיּוֹן תָּאִיר, וְנִזְכֶּה כֻלָּנוּ מְהֵרָה לְאוֹרוֹ. בָּרוּךְ אַתָּה יְיָ, יוֹצֵר הַמְּאוֹרוֹת.

L'eil baruch n'imot yiteinu, l'melech eil chai v'kayam z'mirot yomeiru v'tishbachot yashmiu, ki hu l'vado poeil g'vurot, oseh chadashot, ba'al milchamot, zorei'a tz'dakot, matzmi'ach y'shuot, borei r'fuot, nora t'hilot, adon hanifla'ot, hamchadeish b'tuvo b'chol yom tamid ma'aseih v'reishit. Ka'amur, l'oseih orim g'dolim, ki l'olam chasdo. Or chadash al tziyon tair, v'nizkeh chulanu m'heirah l'oro. Baruch atah Adonai, yotzeir ham'orot.

May a new light shine upon Zion!
May all benefit from its light!

(the page number in Siddur Sim Shalom for Shabbat and Festivals appears directly below this line)

Page 111

אַהֲבָה רַבָּה אֲהַבְתָּנוּ, יְיָ אֱלֹהֵינוּ, חֶמְלָה גְדוֹלָה וִיתֵרָה
חָמַלְתָּ עָלֵינוּ. אָבִינוּ מַלְכֵּנוּ, בַּעֲבוּר אֲבוֹתֵינוּ שֶׁבָּטְחוּ
בְךָ, וַתְּלַמְּדֵם חֻקֵּי חַיִּים, כֵּן תְּחָנֵּנוּ וּתְלַמְּדֵנוּ. אָבִינוּ,
הָאָב הָרַחֲמָן, הַמְרַחֵם, רַחֵם עָלֵינוּ, וְתֵן בְּלִבֵּנוּ לְהָבִין
וּלְהַשְׂכִּיל, לִשְׁמֹעַ, לִלְמֹד וּלְלַמֵּד, לִשְׁמֹר וְלַעֲשׂוֹת
וּלְקַיֵּם אֶת כָּל דִּבְרֵי תַלְמוּד תּוֹרָתֶךָ בְּאַהֲבָה.

Ahavah rabah ahavtanu, Adonai Eloheinu, chemlah g‘dolah viteirah chamalta aleinu. Avinu malkeinu, ba‘avur avoteinu shebat‘chu v‘cha, vat‘lam‘deim chukei chayim, kein t‘chaneinu ut‘lam‘deinu. Avinu, ha‘av harachaman, hamracheim, racheim aleinu, v‘tein b‘libeinu l‘havin ul‘haskil, lishmoa, lilmod ul‘lameid, lishmor v‘la‘asot ul‘kayeim et kol divrei talmud toratecha b‘ahavah.

וְהָאֵר עֵינֵינוּ בְּתוֹרָתֶךָ, וְדַבֵּק לִבֵּנוּ בְּמִצְוֹתֶיךָ, וְיַחֵד
לְבָבֵנוּ לְאַהֲבָה וּלְיִרְאָה אֶת שְׁמֶךָ, וְלֹא נֵבוֹשׁ לְעוֹלָם
וָעֶד. כִּי בְשֵׁם קָדְשְׁךָ הַגָּדוֹל וְהַנּוֹרָא בָּטָחְנוּ, נָגִילָה
וְנִשְׂמְחָה בִּישׁוּעָתֶךָ.

V‘ha‘eir eineinu b‘toratecha, v‘dabeik libeinu b‘mitzvotecha, v‘yacheid l‘vaveinu l‘ahavah ul‘yirah et sh‘mecha, v‘lo neivosh l‘olam va‘ed. Ki v‘sheim kodsh‘cha hagadol v‘hanora batach‘nu, nagilah v‘nism‘chah bishuatecha.

With great Love have You loved us, Adonai!

Page 111 continued

וַהֲבִיאֵנוּ לְשָׁלוֹם מֵאַרְבַּע כַּנְפוֹת הָאָרֶץ, וְתוֹלִיכֵנוּ קוֹמְמִיּוּת לְאַרְצֵנוּ, כִּי אֵל פּוֹעֵל יְשׁוּעוֹת אָתָּה, וּבָנוּ בָחַרְתָּ מִכָּל עַם וְלָשׁוֹן. וְקֵרַבְתָּנוּ לְשִׁמְךָ הַגָּדוֹל סֶלָה בֶּאֱמֶת, לְהוֹדוֹת לְךָ וּלְיַחֶדְךָ בְּאַהֲבָה. בָּרוּךְ אַתָּה יְיָ, הַבּוֹחֵר בְּעַמּוֹ יִשְׂרָאֵל בְּאַהֲבָה.

Vahavi'einu l'shalom mei'arba kanfot ha'aretz, v'tolicheinu kom'miyut l'artzeinu, ki eil poeil y'shuot atah, uvanu vacharta mikol am v'lashon. V'keiravtanu l'shimcha hagadol selah be'emet, l'hodot l'cha ul'yachedcha b'ahavah. Baruch atah Adonai, habocheir b'amo yisra'eil b'ahavah.

God, gather us from the four corners of the Earth. Bring us close to thank You and to unify You in love. Blessed are you, Adonai, Who chooses in love the People Israel.

page 60
(the page number in Siddur Sim Shalom for Shabbat and Festivals appears directly below this line)

The Sh'ma Page 112

(*When prayers are not said with the congregation, add:*
Eil melech ne'eman / אֵל מֶלֶךְ נֶאֱמָן)

שְׁמַע יִשְׂרָאֵל,	Sh'm**a** Yisra'eil,
יְיָ אֱלֹהֵינוּ,	Adonai Eloheinu
יְיָ אֶחָד.	Adonai Echa**d**.

בָּרוּךְ שֵׁם כְּבוֹד מַלְכוּתוֹ לְעוֹלָם וָעֶד.	Baruch sheim k'vod malchuto l'olam va'ed.

וְאָהַבְתָּ אֵת יְיָ אֱלֹהֶיךָ, בְּכָל לְבָבְךָ, וּבְכָל נַפְשְׁךָ, וּבְכָל מְאֹדֶךָ. וְהָיוּ הַדְּבָרִים הָאֵלֶּה, אֲשֶׁר אָנֹכִי מְצַוְּךָ הַיּוֹם, עַל לְבָבֶךָ. וְשִׁנַּנְתָּם לְבָנֶיךָ, וְדִבַּרְתָּ בָּם, בְּשִׁבְתְּךָ בְּבֵיתֶךָ, וּבְלֶכְתְּךָ בַדֶּרֶךְ, וּבְשָׁכְבְּךָ, וּבְקוּמֶךָ. וּקְשַׁרְתָּם לְאוֹת עַל יָדֶךָ, וְהָיוּ לְטֹטָפֹת בֵּין עֵינֶיךָ. וּכְתַבְתָּם עַל מְזֻזוֹת בֵּיתֶךָ וּבִשְׁעָרֶיךָ.

V'ahavta eit Adonai elohecha, b'chol l'vav'cha, uv'chol nafsh'cha, uv'chol m'odecha. V'hayu had'varim ha'eileh, asher anochi m'tzav'cha Hayom, al l'vavecha. V'shinantam l'vanecha, v'dibarta bam, b'shivt'cha b'veitecha, uv'lecht'cha vaderech, uv'shochb'cha, uv'kumecha. Uk'shartam l'ot al yadecha, v'hayu l'totafot bein einecha. Uch'tavtam al m'zuzot beitecha uvisharecha.

Hear O Israel, Adonai our God, Adonai Alone!
Blessed be the Name of God's sovereignty forever.
You Shall love Adonai your God with all your heart, all you soul, and all your might.

Page 112 continued

וְהָיָה אִם שָׁמֹעַ תִּשְׁמְעוּ אֶל מִצְוֹתַי, אֲשֶׁר אָנֹכִי מְצַוֶּה ׀ אֶתְכֶם הַיּוֹם, לְאַהֲבָה אֶת יְיָ ׀ אֱלֹהֵיכֶם וּלְעָבְדוֹ, בְּכָל ׀ לְבַבְכֶם וּבְכָל נַפְשְׁכֶם. וְנָתַתִּי מְטַר ׀ אַרְצְכֶם בְּעִתּוֹ, יוֹרֶה וּמַלְקוֹשׁ, וְאָסַפְתָּ דְגָנֶךָ וְתִירֹשְׁךָ וְיִצְהָרֶךָ. וְנָתַתִּי ׀ עֵשֶׂב ׀ בְּשָׂדְךָ לִבְהֶמְתֶּךָ, וְאָכַלְתָּ וְשָׂבָעְתָּ. הִשָּׁמְרוּ לָכֶם פֶּן יִפְתֶּה לְבַבְכֶם, וְסַרְתֶּם וַעֲבַדְתֶּם ׀ אֱלֹהִים ׀ אֲחֵרִים וְהִשְׁתַּחֲוִיתֶם לָהֶם.

V'hayah im shamoa tishm'u el mitzvotai, asher anochi m'tzaveh etchem Hayom, l'ahavah et Adonai Eloheichem ul'ov'do, b'chol l'vavchem uv'chol nafsh'chem. V'natati m'tar artz'chem b'ito, yoreh umalkosh, v'asafta d'ganecha v'tirosh'cha v'yitzharecha. V'natati eisev b'sad'cha livhemtecha, v'achalta v'sava'ta. Hisham'ru lachem pen yifteh l'vavchem, v'sartem va'avadtem elohim acheirim v'hishtachavitem lahem.

Listen to God, heed the call. God's blessing will pour like rain upon the land, if only you remain true to God and guard well, heart and soul, the commandments!

page 62
(the page number in Siddur Sim Shalom for Shabbat and Festivals appears directly below this line)

Page 112 continued

וְחָרָה | אַף יְיָ בָּכֶם, וְעָצַר | אֶת הַשָּׁמַיִם וְלֹא יִהְיֶה מָטָר, וְהָאֲדָמָה לֹא תִתֵּן אֶת יְבוּלָהּ, וַאֲבַדְתֶּם | מְהֵרָה מֵעַל הָאָרֶץ הַטֹּבָה | אֲשֶׁר | יְיָ נֹתֵן לָכֶם. וְשַׂמְתֶּם | אֶת דְּבָרַי | אֵלֶּה עַל | לְבַבְכֶם וְעַל נַפְשְׁכֶם, וּקְשַׁרְתֶּם | אֹתָם לְאוֹת | עַל יֶדְכֶם, וְהָיוּ לְטוֹטָפֹת בֵּין | עֵינֵיכֶם. וְלִמַּדְתֶּם | אֹתָם | אֶת בְּנֵיכֶם לְדַבֵּר בָּם, בְּשִׁבְתְּךָ בְּבֵיתֶךָ, וּבְלֶכְתְּךָ בַדֶּרֶךְ, וּבְשָׁכְבְּךָ, וּבְקוּמֶךָ. וּכְתַבְתָּם | עַל מְזוּזוֹת בֵּיתֶךָ וּבִשְׁעָרֶיךָ. לְמַעַן | יִרְבּוּ | יְמֵיכֶם וִימֵי בְנֵיכֶם | עַל הָאֲדָמָה | אֲשֶׁר נִשְׁבַּע | יְיָ לַאֲבֹתֵיכֶם לָתֵת לָהֶם, כִּימֵי הַשָּׁמַיִם | עַל הָאָרֶץ.

V'charah af Adonai bachem, v'atza et hashamayim v'lo yihyeh matar, v'ha'adamah lo titein et y'vulah, Va'avadtem m'heirah mei'al ha'aretz hatovah asher Adonai notein lachem. V'samtem et d'varai eileh al l'vavchem v'al nafsh'chem, uk'shartem otam l'ot al yedchem, v'hayu l'totafot bein eineichem. V'limadtem otam et b'neichem l'dabeir bam, b'shivt'cha b'veitecha, uv'lecht'cha vaderech, uv'shochb'cha, uv'kumecha. Uch'tavtam al m'zuzot beitecha uvisharecha. L'ma'an yirbu y'meichem vimei v'neichem al ha'adamah asher nishba Adonai la'avoteichem lateit lahem, kimei hashamayim al ha'aretz.

God's anger is the cessation of rain. So inscribe these words on the doorposts of your homes and gates. Teach them to each next generation!

page 63
(the page number in Siddur Sim Shalom for Shabbat and Festivals appears directly below this line)

Page 113

> *wherever you see a *, it is traditional to kiss the tzitzit on your tallit, wound around one finger.*

וַיֹּאמֶר | יְיָ | אֶל מֹשֶׁה לֵּאמֹר. דַּבֵּר | אֶל בְּנֵי | יִשְׂרָאֵל
וְאָמַרְתָּ אֲלֵהֶם, וְעָשׂוּ לָהֶם **צִיצִת*** עַל כַּנְפֵי בִגְדֵיהֶם
לְדֹרֹתָם, וְנָתְנוּ | עַל **צִיצִת*** הַכָּנָף פְּתִיל תְּכֵלֶת. וְהָיָה
לָכֶם **לְצִיצִת***, וּרְאִיתֶם | אֹתוֹ | וּזְכַרְתֶּם | אֶת כָּל מִצְוֹת |
יְיָ, וַעֲשִׂיתֶם | אֹתָם, וְלֹא תָתוּרוּ | אַחֲרֵי לְבַבְכֶם וְאַחֲרֵי |
עֵינֵיכֶם, אֲשֶׁר אַתֶּם זֹנִים | אַחֲרֵיהֶם. לְמַעַן תִּזְכְּרוּ
וַעֲשִׂיתֶם | אֶת כָּל מִצְוֹתָי, וִהְיִיתֶם קְדֹשִׁים לֵאלֹהֵיכֶם.
אֲנִי יְיָ | אֱלֹהֵיכֶם, אֲשֶׁר הוֹצֵאתִי | אֶתְכֶם | מֵאֶרֶץ מִצְרַיִם,
לִהְיוֹת לָכֶם לֵאלֹהִים, אֲנִי | יְיָ | אֱלֹהֵיכֶם.

...**אֱמֶת***...

Vayomer Adonai el mosheh leimor. Dabeir el b'nei yisra'eil v'amarta aleihem, v'asu lahem **tzitzit*** al kanfei vigdeihem l'dorotam, v'nat'nu al **tzitzit*** hakanaf p'til t'cheilet. V'hayah lachem **l'tzitzit***, ur'item oto uz'chartem et kol mitzvat Adonai, va'asitem otam, v'lo taturu acharei l'vavchem v'acharei eineichem, asher atem zonim achareihem. L'ma'an tizk'ru va'asitem et kol mitzvotay, vihyitem k'doshim leiloheichem. Ani Adonai Eloheichem, asher hotzeiti etchem mei'eretz mitzrayim, lihyot lachem leilohim, ani Adonai Eloheichem.

...**Emet***...

> *Even the **fringes*** of your garments can be reminders of the commandments. Don't be distracted by your eyes. I am your God!*
>
> *...**truly***...*

page 64
(the page number in Siddur Sim Shalom for Shabbat and Festivals appears directly below this line)

Page 113 continued

> release the tzitzit with a kiss at the end of this paragraph

...וְיַצִּיב, וְנָכוֹן וְקַיָּם, וְיָשָׁר וְנֶאֱמָן, וְאָהוּב וְחָבִיב, וְנֶחְמָד וְנָעִים, וְנוֹרָא וְאַדִּיר, וּמְתֻקָּן וּמְקֻבָּל, וְטוֹב וְיָפֶה הַדָּבָר הַזֶּה עָלֵינוּ לְעוֹלָם וָעֶד. אֱמֶת אֱלֹהֵי עוֹלָם מַלְכֵּנוּ, צוּר יַעֲקֹב, מָגֵן יִשְׁעֵנוּ, לְדֹר וָדֹר הוּא קַיָּם, וּשְׁמוֹ קַיָּם, וְכִסְאוֹ נָכוֹן, וּמַלְכוּתוֹ וֶאֱמוּנָתוֹ לָעַד **קַיָּמֶת**.*

...v'yatziv, v'nachon v'kayam, v'yashar v'ne'eman, v'ahuv v'chaviv, v'nechmad v'naim, v'nora v'adir, um'tukan um'kubal, v'tov v'yafeh hadavar hazeh aleinu l'olam va'ed. Emet Elohei olam malkeinu, tzur ya'akov, magein yisheinu, l'dor vador hu kayam, ush'mo kayam, v'chiso nachon, umalchuto ve'emunato la'ad **kayamet**.*

וּדְבָרָיו חָיִים וְקַיָּמִים, נֶאֱמָנִים וְנֶחֱמָדִים לָעַד וּלְעוֹלְמֵי עוֹלָמִים. עַל אֲבוֹתֵינוּ וְעָלֵינוּ, עַל בָּנֵינוּ וְעַל דּוֹרוֹתֵינוּ, וְעַל כָּל דּוֹרוֹת זֶרַע יִשְׂרָאֵל עֲבָדֶיךָ.

Ud'varav chayim v'kayamim, ne'emanim v'nechemadim la'ad ul'ol'mei olamim. Al avoteinu v'aleinu, al baneinu v'al doroteinu, v'al kol dorot zera yisra'eil avadecha.

God's teachings are alive and endure for every generation of the family of Israel!

page 65
(the page number in Siddur Sim Shalom for Shabbat and Festivals appears directly below this line)

Page 113 continued

עַל הָרִאשׁוֹנִים וְעַל הָאַחֲרוֹנִים, דָּבָר טוֹב וְקַיָּם לְעוֹלָם וָעֶד, אֱמֶת וֶאֱמוּנָה חֹק וְלֹא יַעֲבֹר. אֱמֶת שָׁאַתָּה הוּא יְיָ אֱלֹהֵינוּ וֵאלֹהֵי אֲבוֹתֵינוּ, מַלְכֵּנוּ מֶלֶךְ אֲבוֹתֵינוּ, גֹּאֲלֵנוּ גֹּאֵל אֲבוֹתֵינוּ, יוֹצְרֵנוּ צוּר יְשׁוּעָתֵינוּ, פּוֹדֵנוּ וּמַצִּילֵנוּ מֵעוֹלָם שְׁמֶךָ, אֵין אֱלֹהִים זוּלָתֶךָ.

Al harishonim v'al ha'acharonim, davar tov v'kayam l'olam va'ed, emet ve'emunah chok v'lo ya'avor. Emet sha'atah hu Adonai Eloheinu v'Elohei avoteinu, malkeinu melech avoteinu, goaleinu goeil avoteinu, yotz'reinu tzur y'shuateinu, podeinu umatzileinu meiolam sh'mecha, ein elohim zulatecha.

For those who came before us and for those who will follow us, ours is a beautiful, binding, liberating tradition!

page 66
(*the page number in Siddur Sim Shalom for Shabbat and Festivals appears directly below this line*)

Page 114

עֶזְרַת אֲבוֹתֵינוּ אַתָּה הוּא מֵעוֹלָם, מָגֵן וּמוֹשִׁיעַ לִבְנֵיהֶם אַחֲרֵיהֶם בְּכָל דּוֹר וָדוֹר. בְּרוּם עוֹלָם מוֹשָׁבֶךָ, וּמִשְׁפָּטֶיךָ וְצִדְקָתְךָ עַד אַפְסֵי אָרֶץ. אַשְׁרֵי אִישׁ שֶׁיִּשְׁמַע לְמִצְוֹתֶיךָ, וְתוֹרָתְךָ וּדְבָרְךָ יָשִׂים עַל לִבּוֹ. אֱמֶת, אַתָּה הוּא אָדוֹן לְעַמֶּךָ, וּמֶלֶךְ גִּבּוֹר לָרִיב רִיבָם. אֱמֶת, אַתָּה הוּא רִאשׁוֹן וְאַתָּה הוּא אַחֲרוֹן, וּמִבַּלְעָדֶיךָ אֵין לָנוּ מֶלֶךְ גּוֹאֵל וּמוֹשִׁיעַ.

Ezrat avoteinu atah hu mei'olam, magein umoshi'a livneihem achareihem b'chol dor vador. B'rum olam moshavecha, umishpatecha v'tzidkat'cha ad afsei aretz. Ashrei ish sheyishma l'mitzvotecha, v'torat'cha ud'var'cha yasim al libo. Emet, atah hu adon l'amecha, umelech gibor lariv rivam. Emet, atah hu rishon v'atah hu acharon, umibaladecha ein lanu melech goeil umoshi'a.

Happy is One who listens to the Mitzvot/Commandments, who places Torah upon their heart!

page 67
(the page number in Siddur Sim Shalom for Shabbat and Festivals appears directly below this line)

Page 114 continued

מִמִּצְרַיִם גְּאַלְתָּנוּ, יְיָ אֱלֹהֵינוּ, וּמִבֵּית עֲבָדִים פְּדִיתָנוּ.
כָּל בְּכוֹרֵיהֶם הָרָגְתָּ, וּבְכוֹרְךָ גָּאָלְתָּ, וְיַם סוּף בָּקַעְתָּ,
וְזֵדִים טִבַּעְתָּ, וִידִידִים הֶעֱבַרְתָּ, וַיְכַסּוּ מַיִם צָרֵיהֶם, אֶחָד
מֵהֶם לֹא נוֹתָר.

Mimitzrayim g'altanu, Adonai Eloheinu, umibeit avadim p'ditanu. kol b'choreihem harag'ta, uv'chor'cha ga'al'ta, v'yam suf bakata, v'zeidim tibata, vididim he'evarta, vay'chasu mayim tzareihem, echad meihem lo notar.

עַל זֹאת שִׁבְּחוּ אֲהוּבִים וְרוֹמְמוּ אֵל, וְנָתְנוּ יְדִידִים
זְמִרוֹת שִׁירוֹת וְתִשְׁבָּחוֹת, בְּרָכוֹת וְהוֹדָאוֹת, לְמֶלֶךְ אֵל
חַי וְקַיָּם, רָם וְנִשָּׂא, גָּדוֹל וְנוֹרָא, מַשְׁפִּיל גֵּאִים, וּמַגְבִּיהַּ
שְׁפָלִים, מוֹצִיא אֲסִירִים, וּפוֹדֶה עֲנָוִים, וְעוֹזֵר דַּלִּים,
וְעוֹנֶה לְעַמּוֹ בְּעֵת שַׁוְּעָם אֵלָיו.

Al zot shib'chu ahuvim v'rom'mu eil, v'nat'nu y'didim z'mirot shirot v'tishbachot, b'rachot v'hoda'ot, l'melech eil chai v'kayam, ram v'nisa, gadol v'nora, mashpil geiim, umagbiha sh'falim, motzi asirim, ufodeh anavim, v'ozeir dalim, v'oneh l'amo b'eit shavam eilav.

From Egypt You saved us. We are humbled and exalted before You, Adonai, who redeems, illuminates, and supports those who call!

page 68

(the page number in Siddur Sim Shalom for Shabbat and Festivals appears directly below this line)

Page 114 continued

תְּהִלוֹת לְאֵל עֶלְיוֹן, בָּרוּךְ הוּא וּמְבֹרָךְ. מֹשֶׁה וּבְנֵי יִשְׂרָאֵל לְךָ עָנוּ שִׁירָה בְּשִׂמְחָה רַבָּה, וְאָמְרוּ כֻלָּם:

T'hilot l'eil elyon, baruch hu um'vorach. Mosheh uv'nei yisra'eil l'cha anu shirah b'simchah rabah, v'am'ru chulam:

מִי כָמֹכָה בָּאֵלִם יְיָ, מִי כָּמֹכָה נֶאְדָּר בַּקֹּדֶשׁ, נוֹרָא תְהִלֹּת, עֹשֵׂה פֶלֶא.	Mi chamochah ba'eilim Adonai, mi kamochah nedar bakodesh, nora t'hilot, oseih fele.
שִׁירָה חֲדָשָׁה שִׁבְּחוּ גְאוּלִים לְשִׁמְךָ עַל שְׂפַת הַיָּם, יַחַד כֻּלָּם הוֹדוּ וְהִמְלִיכוּ וְאָמְרוּ: יְיָ יִמְלֹךְ לְעֹלָם וָעֶד.	Shirah chadashah shib'chu g'ulim l'shimcha al s'fat hayam, yachad kulam hodu v'himlichu v'am'ru: **Adonai yimloch l'olam va'ed.**

we rise	*we rise*
צוּר יִשְׂרָאֵל, קוּמָה בְּעֶזְרַת יִשְׂרָאֵל, וּפְדֵה כִנְאֻמֶךָ יְהוּדָה וְיִשְׂרָאֵל. גֹּאֲלֵנוּ יְיָ צְבָאוֹת שְׁמוֹ, קְדוֹשׁ יִשְׂרָאֵל. בָּרוּךְ אַתָּה יְיָ גָּאַל יִשְׂרָאֵל.	**Tzur yisra'eil,** kumah b'ezrat yisra'eil, uf'deih chinumecha y'hudah v'yisra'eil. Goaleinu Adonai tz'va'ot sh'mo, k'dosh yisra'eil. Baruch atah Adonai ga'al yisra'eil.

Rise, O Rock of Israel! We rise with You!

(the page number in Siddur Sim Shalom for Shabbat and Festivals appears directly below this line)

Amidah — Page 115b

אֲדֹנָי שְׂפָתַי תִּפְתָּח וּפִי יַגִּיד תְּהִלָּתֶךָ.

Adonai s'fatai tiftach ufi yagid t'hilatecha.

Open my mouth, Adonai, and my lips will declare Your praise.

Bend knees on "baruch", bow on "atah", straighten at "Adonai".

בָּרוּךְ אַתָּה יְיָ אֱלֹהֵינוּ וֵאלֹהֵי אֲבוֹתֵינוּ, אֱלֹהֵי אַבְרָהָם, אֱלֹהֵי יִצְחָק, וֵאלֹהֵי יַעֲקֹב, אֱלֹהֵי שָׂרָה, אֱלֹהֵי רִבְקָה, אֱלֹהֵי רָחֵל וֵאלֹהֵי לֵאָה, הָאֵל הַגָּדוֹל הַגִּבּוֹר וְהַנּוֹרָא, אֵל עֶלְיוֹן, גּוֹמֵל חֲסָדִים טוֹבִים, וְקֹנֵה הַכֹּל, וְזוֹכֵר חַסְדֵי אָבוֹת, וּמֵבִיא גוֹאֵל לִבְנֵי בְנֵיהֶם, לְמַעַן שְׁמוֹ בְּאַהֲבָה.

Baruch atah Adonai Eloheinu v'Elohei avoteinu, Elohei avraham, Elohei yitzchak, v'Elohei ya'akov, Elohei sarah, Elohei rivkah, Elohei rachel, v'Elohei leyah, ha'eil hagadol hagibor v'hanora, eil elyon, gomeil chasadim tovim, v'koneih hakol, v'zocheir chasdei avot, umeivi goeil livnei v'neihem, l'ma'an sh'mo b'ahavah.

Blessed are You, Adonai, our God and God of our Ancestors: The God of Abraham, the God of Isaac and the God of Jacob, God of Sarah, God of Rebecca, God of Rachel and God of Leah. Great, mighty, awsome God; the God-Above, the One who does kindnesses, the Creator of everything, the One who remembers the merits of the ancestors- who brings a redeemer to their children's children, for God's own name's sake- in love.

(the page number in Siddur Sim Shalom for Shabbat and Festivals appears directly below this line)

Page 115b continued

The following is said on the Shabbat between Rosh haShannah and Yom Kippur:

זָכְרֵנוּ לְחַיִּים, מֶלֶךְ חָפֵץ בַּחַיִּים, וְכָתְבֵנוּ בְּסֵפֶר הַחַיִּים, לְמַעַנְךָ אֱלֹהִים חַיִּים.	Zoch'reinu l'chayim, melech chafeitz bachayim, v'chot'veinu b'seifer hachayim, l'ma'ancha elohim chayim.

Bend knees on "baruch", bow on "atah", straighten at "Adonai".

מֶלֶךְ עוֹזֵר וּמוֹשִׁיעַ וּמָגֵן. בָּרוּךְ אַתָּה יְיָ, מָגֵן אַבְרָהָם וּפוֹקֵד שָׂרָה.

Melech ozeir ofokeid umoshi'a umagein. Baruch atah Adonai, magein avraham ufoked sarah.

Ruler who helps and saves and protects: Blessed are You Adonai, Protector of Abraham and Rememberer of Sarah.

אַתָּה גִּבּוֹר לְעוֹלָם אֲדֹנָי, מְחַיֵּה מֵתִים אַתָּה, רַב לְהוֹשִׁיעַ.

Atah gibor l'olam Adonai, m'chayeih meitim atah, rav l'hoshi'a.

(*the page number in Siddur Sim Shalom for Shabbat and Festivals appears directly below this line*)

Page 115b continued

Between Shemini Atzeret and Pesach, say:	Between Pesach and Sukkot, say:
מַשִּׁיב הָרֽוּחַ וּמוֹרִיד הַגֶּֽשֶׁם.	מוֹרִיד הַטַּל.
Mashiv haruach umorid hageshem.	Morid haTal.

מְכַלְכֵּל חַיִּים בְּחֶֽסֶד, מְחַיֵּה מֵתִים בְּרַחֲמִים רַבִּים,
סוֹמֵךְ נוֹפְלִים, וְרוֹפֵא חוֹלִים, וּמַתִּיר אֲסוּרִים, וּמְקַיֵּם
אֱמוּנָתוֹ לִישֵׁנֵי עָפָר, מִי כָמֽוֹךָ בַּֽעַל גְּבוּרוֹת וּמִי דּֽוֹמֶה
לָּךְ, מֶֽלֶךְ מֵמִית וּמְחַיֶּה וּמַצְמִֽיחַ יְשׁוּעָה.

M'chalkeil chayim b'chesed, m'chayeih meitim b'rachamim rabim, someich nof'lim, v'rofei cholim, umatir asurim, um'kayeim emunato lisheinei afar, mi chamocha ba'al g'vurot umi domeh lach, melech meimit um'chayeh umatzmi'ach y'shuah.

You support all life, raising the dead with intense compassion, supporting the fallen, healing the sick, releasing the trapped, fulfilling faithfully the promise to those who sleep in the dust. Who is like You, Master of mighty deeds, Ruler of death, life, and hope?

(the page number in Siddur Sim Shalom for Shabbat and Festivals appears directly below this line)

Page 115b continued

The following is said on the Shabbat between Rosh haShannah and Yom Kippur:

מִי כָמוֹךָ אַב הָרַחֲמִים, זוֹכֵר יְצוּרָיו לְחַיִּים בְּרַחֲמִים.

Mi chamocha av harachamim, zocheir y'tzurav l'chayim b'rachamim.

וְנֶאֱמָן אַתָּה לְהַחֲיוֹת מֵתִים. בָּרוּךְ אַתָּה יְיָ, מְחַיֵּה הַמֵּתִים.

V'ne'eman atah l'hachayot meitim. Baruch atah Adonai, m'chayeih hameitim.

The following is recited only when the Amidah is being read quietly by an individual, not during communal recitation or repetition:

אַתָּה קָדוֹשׁ וְשִׁמְךָ קָדוֹשׁ, וּקְדוֹשִׁים בְּכָל יוֹם יְהַלְלוּךָ סֶּלָה. *בָּרוּךְ אַתָּה יְיָ, הָאֵל הַקָּדוֹשׁ.

Atah Kadosh veSimcha Kadosh uKedoshim beChol yom yehalelucha selah. *Baruch Atah Adonai, Ha'Eil haKadosh.

** on the Shabbat between Rosh haShannah and Yom Kippur, the closing blessing is:*

בָּרוּךְ אַתָּה יְיָ, הַמֶּלֶךְ הַקָּדוֹשׁ.

Baruch Atah Adonai, HaMelech haKadosh.

You, Adonai, are faithful,
promising to return life to the dead,
and to touch our lives with holiness.

page 73

(the page number in Siddur Sim Shalom for Shabbat and Festivals appears directly below this line)

Kedusha — Page 116

The following is recited only when the Amidah is being during communal recitation or repetition, not read quietly by an individual:

נְקַדֵּשׁ אֶת שִׁמְךָ בָּעוֹלָם, כְּשֵׁם שֶׁמַּקְדִּישִׁים אוֹתוֹ בִּשְׁמֵי מָרוֹם, כַּכָּתוּב עַל יַד נְבִיאֶךָ, וְקָרָא זֶה אֶל זֶה וְאָמַר:

N'kadeish et shimcha ba'olam, k'sheim shemakdishim oto bishmei marom, kakatuv al yad n'vi'echa, v'kara zeh el zeh v'amar:

קָדוֹשׁ, קָדוֹשׁ, קָדוֹשׁ, יְיָ צְבָאוֹת, מְלֹא כָל הָאָרֶץ כְּבוֹדוֹ.

Kadosh, kadosh, kadosh, adonai tz'va'ot, m'lo chol ha'aretz k'vodo.

אָז בְּקוֹל רַעַשׁ גָּדוֹל אַדִּיר וְחָזָק, מַשְׁמִיעִים קוֹל, מִתְנַשְּׂאִים לְעֻמַּת שְׂרָפִים, לְעֻמָּתָם בָּרוּךְ יֹאמֵרוּ:

Az b'kol ra'ash gadol adir v'chazak, mashmiim kol, mitnasim l'umat s'rafim, l'umatam baruch yomeiru:

בָּרוּךְ כְּבוֹד יְיָ מִמְּקוֹמוֹ.

Baruch k'vod adonai mim'komo.

[a translation of the *Kedusha* is found on page 116 in Siddur Sim Shalom.]

page 74
(the page number in Siddur Sim Shalom for Shabbat and Festivals appears directly below this line)

Kedusha

Page 116 continued

The following is recited only when the Amidah is being during communal recitation or repetition, not read quietly by an individual:

מִמְּקוֹמְךָ מַלְכֵּנוּ תוֹפִיעַ, וְתִמְלֹךְ עָלֵינוּ, כִּי מְחַכִּים אֲנַחְנוּ לָךְ. מָתַי תִּמְלֹךְ בְּצִיּוֹן, בְּקָרוֹב בְּיָמֵינוּ, לְעוֹלָם וָעֶד תִּשְׁכּוֹן. תִּתְגַּדַּל וְתִתְקַדַּשׁ בְּתוֹךְ יְרוּשָׁלַיִם עִירְךָ, לְדוֹר וָדוֹר וּלְנֵצַח נְצָחִים. וְעֵינֵינוּ תִרְאֶינָה מַלְכוּתֶךָ, כַּדָּבָר הָאָמוּר בְּשִׁירֵי עֻזֶּךָ, עַל יְדֵי דָוִד מְשִׁיחַ צִדְקֶךָ:

Mim'kom'cha malkeinu tofi'a, v'timloch aleinu, ki m'chakim anachnu lach Matai timloch b'tziyon, b'karov b'yameinu, l'olam va'ed tishkon. Titgadal v'titkadash b'toch y'rushalayim ir'cha, l'dor vador ul'neitzach n'tzachim. V'eineinu tirenah malchutecha, kadavar ha'amur b'shirei uzecha, al y'dei david m'shi'ach tzidkecha:

יִמְלֹךְ יְיָ לְעוֹלָם, אֱלֹהַיִךְ צִיּוֹן, לְדֹר וָדֹר, הַלְלוּיָהּ.

Yimloch adonai l'olam, elohayich tziyon, l'dor vador, HaleluYah.

לְדוֹר וָדוֹר נַגִּיד גָּדְלֶךָ, וּלְנֵצַח נְצָחִים קְדֻשָּׁתְךָ נַקְדִּישׁ, וְשִׁבְחֲךָ, אֱלֹהֵינוּ, מִפִּינוּ לֹא יָמוּשׁ לְעוֹלָם וָעֶד, כִּי אֵל מֶלֶךְ גָּדוֹל וְקָדוֹשׁ אָתָּה. *בָּרוּךְ אַתָּה יְיָ, הָאֵל הַקָּדוֹשׁ.

L'dor vador nagid god'lecha, ul'neitzach n'tzachim k'dushat'cha nakdish, v'shivchacha, Eloheinu, mipinu lo yamush l'olam va'ed, ki eil melech gadol v'kadosh atah. *Baruch atah Adonai, ha'eil hakadosh.

** on the Shabbat between Rosh haShannah and Yom Kippur, the closing blessing is:*

בָּרוּךְ אַתָּה יְיָ, הַמֶּלֶךְ הַקָּדוֹשׁ.

Baruch Atah Adonai, HaMelech haKadosh.

Page 117

יִשְׂמַח משֶׁה בְּמַתְּנַת חֶלְקוֹ, כִּי עֶבֶד נֶאֱמָן קָרָאתָ לּוֹ.
כְּלִיל תִּפְאֶרֶת בְּרֹאשׁוֹ נָתַתָּ, בְּעָמְדוֹ לְפָנֶיךָ עַל הַר
סִינָי. וּשְׁנֵי לוּחוֹת אֲבָנִים הוֹרִיד בְּיָדוֹ, וְכָתוּב בָּהֶם
שְׁמִירַת שַׁבָּת, וְכֵן כָּתוּב בְּתוֹרָתֶךָ:

Yismach Moshe b'mat'nat chelko, ki eved ne'eman karata lo. K'lil tiferet b'rosho natata, b'am'do l'fanecha al har sinay. Ush'nei luchot avanim horid b'yado, v'chatuv bahem sh'mirat Shabbat, v'chein katuv b'toratecha.

Moshe celebrated his portion, for You called him faithful. Head adorned with splendor, he descended from before You on Sinai with two stone tablets in his hands upon which were inscribed the ways of Shabbat.

וְשָׁמְרוּ בְנֵי יִשְׂרָאֵל אֶת הַשַּׁבָּת, לַעֲשׂוֹת אֶת הַשַּׁבָּת
לְדֹרֹתָם בְּרִית עוֹלָם. בֵּינִי וּבֵין בְּנֵי יִשְׂרָאֵל אוֹת הִיא
לְעֹלָם, כִּי שֵׁשֶׁת יָמִים עָשָׂה יְיָ אֶת הַשָּׁמַיִם וְאֶת
הָאָרֶץ, וּבַיּוֹם הַשְּׁבִיעִי שָׁבַת וַיִּנָּפַשׁ.

V'sham'ru v'nei yisra'eil et haShabbat, la'asot et haShabbat l'dorotam b'rit olam. Beini uvein b'nei yisra'eil ot hi l'olam, ki sheishet yamim asah Adonai et hashamayim v'et ha'aretz, uvayom hashvii shavat vayinafash.

Israel shall observe Shabbat as an eternal covenant with God, for after six days of creation God rested.

page 76
(the page number in Siddur Sim Shalom for Shabbat and Festivals appears directly below this line)

Page 117 continued

וְלֹא נְתַתּוֹ יְיָ אֱלֹהֵינוּ לְגוֹיֵי הָאֲרָצוֹת, וְלֹא הִנְחַלְתּוֹ מַלְכֵּנוּ לְעוֹבְדֵי פְסִילִים, וְגַם בִּמְנוּחָתוֹ לֹא יִשְׁכְּנוּ עֲרֵלִים. כִּי לְיִשְׂרָאֵל עַמְּךָ נְתַתּוֹ בְּאַהֲבָה, לְזֶרַע יַעֲקֹב אֲשֶׁר בָּם בָּחָרְתָּ. עַם מְקַדְּשֵׁי שְׁבִיעִי, כֻּלָּם יִשְׂבְּעוּ וְיִתְעַנְּגוּ מִטּוּבֶךָ, וּבַשְּׁבִיעִי רָצִיתָ בּוֹ וְקִדַּשְׁתּוֹ, חֶמְדַּת יָמִים אוֹתוֹ קָרָאתָ, זֵכֶר לְמַעֲשֵׂה בְרֵאשִׁית.

V'lo n'tato Adonai Eloheinu l'goyei ha'aratzot, v'lo hinchalto malkeinu l'ov'dei f'silim, v'gam bimnuchato lo yishk'nu areilim. Ki l'yisra'eil am'cha n'tato b'ahavah, l'zera ya'akov asher bam bachar'ta. Am m'kad'shei sh'vii, kulam yisb'u v'yitan'gu mituvecha, uvashvii ratzita bo v'kidashto, chemdat yamim oto karata, zeicher l'ma'aseih v'reishit.

What a gift Shabbat is, lovingly granted to Israel as a day of joy, pleasure, and holiness in recognition of Creation.

אֱלֹהֵינוּ וֵאלֹהֵי אֲבוֹתֵינוּ, רְצֵה בִמְנוּחָתֵנוּ, קַדְּשֵׁנוּ בְּמִצְוֹתֶיךָ, וְתֵן חֶלְקֵנוּ בְּתוֹרָתֶךָ, שַׂבְּעֵנוּ מִטּוּבֶךָ, וְשַׂמְּחֵנוּ בִּישׁוּעָתֶךָ, וְטַהֵר לִבֵּנוּ לְעָבְדְּךָ בֶּאֱמֶת, וְהַנְחִילֵנוּ יְיָ אֱלֹהֵינוּ בְּאַהֲבָה וּבְרָצוֹן שַׁבַּת קָדְשֶׁךָ, וְיָנוּחוּ בוֹ יִשְׂרָאֵל מְקַדְּשֵׁי שְׁמֶךָ. בָּרוּךְ אַתָּה יְיָ, מְקַדֵּשׁ הַשַּׁבָּת.

Eloheinu v'Elohei avoteinu, r'tzeih vimnuchateinu, kad'sheinu b'mitzvotecha, v'tein chelkeinu b'toratecha, sab'einu mituvecha, v'sam'cheinu bishuatecha, v'taheir libeinu l'ovd'cha be'emet, v'hanchileinu Adonai Eloheinu b'ahavah uv'ratzon Shabbat kod'shecha, v'yanuchu vo yisra'eil m'kad'shei sh'mecha. Baruch atah Adonai, m'kadeish haShabbat.

God, make our portion a sacred one, satisfied by Your Goodness. Purify our hearts to serve You in purity, love, and clarity. Blessed are You, Adonai, Who sanctifies Shabbat.

page 77
(the page number in Siddur Sim Shalom for Shabbat and Festivals appears directly below this line)

Page 118

רְצֵה, יְיָ אֱלֹהֵינוּ, בְּעַמְּךָ יִשְׂרָאֵל וּבִתְפִלָּתָם, וְהָשֵׁב אֶת הָעֲבוֹדָה לִדְבִיר בֵּיתֶךָ, וּתְפִלָּתָם בְּאַהֲבָה תְקַבֵּל בְּרָצוֹן, וּתְהִי לְרָצוֹן תָּמִיד עֲבוֹדַת יִשְׂרָאֵל עַמֶּךָ.

R'tzeih, Adonai Eloheinu, b'am'cha yisra'eil uvitfilatam, v'hasheiv et ha'avodah lidvir beitecha, ut'filatam b'ahavah t'kabeil b'ratzon, ut'hi l'ratzon tamid avodat yisra'eil amecha.

O God, desire the gifts we offer, take them to Your innermost place, as an ongoing offering of the People Israel.

(the page number in Siddur Sim Shalom for Shabbat and Festivals appears directly below this line)

Page 118 continued

This page is recited on Rosh Chodesh and Chol Ha'Moed

אֱלֹהֵינוּ וֵאלֹהֵי אֲבוֹתֵינוּ, יַעֲלֶה וְיָבֹא, וְיַגִּיעַ, וְיֵרָאֶה, וְיֵרָצֶה, וְיִשָּׁמַע, וְיִפָּקֵד, וְיִזָּכֵר זִכְרוֹנֵנוּ וּפִקְדוֹנֵנוּ, וְזִכְרוֹן אֲבוֹתֵינוּ, וְזִכְרוֹן מָשִׁיחַ בֶּן דָּוִד עַבְדֶּךָ, וְזִכְרוֹן יְרוּשָׁלַיִם עִיר קָדְשֶׁךָ, וְזִכְרוֹן כָּל עַמְּךָ בֵּית יִשְׂרָאֵל לְפָנֶיךָ, לִפְלֵיטָה, לְטוֹבָה, לְחֵן וּלְחֶסֶד וּלְרַחֲמִים, לְחַיִּים וּלְשָׁלוֹם, בְּיוֹם

Eloheinu v'Elohei avoteinu, ya'aleh v'yavo, v'yagi'a, v'yeira'eh, v'yeiratzeh, v'yishama, v'yipakeid, v'yizacheir zichroneinu ufikdoneinu, v'zichron avoteinu, v'zichron mashi'ach ben david avdecha, v'zichron y'rushalayim ir kod'shecha, v'zichron kol am'cha beit yisra'eil l'fanecha, lifleitah, l'tovah, l'chein ul'chesed ul'rachamim, l'chayim ul'shalom, b'yom

רֹאשׁ הַחֹדֶשׁ הַזֶּה. **(On Rosh Chodesh)** Rosh Hachodesh hazeh.

חַג הַמַּצּוֹת הַזֶּה. **(On Passover)** Chag Hamatzot hazeh.

חַג הַסֻּכּוֹת הַזֶּה. **(On Sukkot)** Chag Hasukot hazeh.

זָכְרֵנוּ, יְיָ אֱלֹהֵינוּ, בּוֹ לְטוֹבָה, וּפָקְדֵנוּ בוֹ לִבְרָכָה, וְהוֹשִׁיעֵנוּ בוֹ לְחַיִּים. וּבִדְבַר יְשׁוּעָה וְרַחֲמִים, חוּס וְחָנֵּנוּ, וְרַחֵם עָלֵינוּ וְהוֹשִׁיעֵנוּ, כִּי אֵלֶיךָ עֵינֵינוּ, כִּי אֵל מֶלֶךְ חַנּוּן וְרַחוּם אָתָּה.

Zoch'reinu, Adonai Eloheinu, bo l'tovah, ufok'deinu vo livrachah, v'hoshi'einu vo l'chayim. Uvidvar y'shuah v'rachamim, chus v'chaneinu, v'racheim aleinu v'hoshi'einu, ki eilecha eineinu, ki eil melech chanun v'rachum atah.

Page 118 continued

Bend knees on "baruch", bow on "atah", straighten at "Adonai".

וְתֶחֱזֶינָה עֵינֵינוּ בְּשׁוּבְךָ לְצִיּוֹן בְּרַחֲמִים. בָּרוּךְ אַתָּה יְיָ, הַמַּחֲזִיר שְׁכִינָתוֹ לְצִיּוֹן.

V'techezenah eineinu b'shuv'cha l'tziyon b'rachamim. Baruch atah Adonai, hamachazir sh'chinato l'tziyon.

*מוֹדִים אֲנַחְנוּ לָךְ, שָׁאַתָּה הוּא, יְיָ אֱלֹהֵינוּ וֵאלֹהֵי אֲבוֹתֵינוּ, לְעוֹלָם וָעֶד, צוּר חַיֵּינוּ, מָגֵן יִשְׁעֵנוּ, אַתָּה הוּא לְדוֹר וָדוֹר, נוֹדֶה לְּךָ וּנְסַפֵּר תְּהִלָּתֶךָ, עַל חַיֵּינוּ הַמְּסוּרִים בְּיָדֶךָ, וְעַל נִשְׁמוֹתֵינוּ הַפְּקוּדוֹת לָךְ, וְעַל נִסֶּיךָ שֶׁבְּכָל יוֹם עִמָּנוּ, וְעַל נִפְלְאוֹתֶיךָ וְטוֹבוֹתֶיךָ שֶׁבְּכָל עֵת, עֶרֶב וָבֹקֶר וְצָהֳרָיִם, הַטּוֹב, כִּי לֹא כָלוּ רַחֲמֶיךָ, וְהַמְרַחֵם, כִּי לֹא תַמּוּ חֲסָדֶיךָ, מֵעוֹלָם קִוִּינוּ לָךְ.

*Modim anachnu lach sha'atah hu, Adonai Eloheinu v'Elohei avoteinu, l'olam va'ed, tzur chayeinu, magein yisheinu, atah hu l'dor vador, nodeh l'cha un'sapeir t'hilatecha, al chayeinu ham'surim b'yadecha, v'al nishmoteinu hap'kudot lach, v'al nisecha sheb'chol yom imanu, v'al nifl'otecha v'tovotecha sheb'chol eit, erev vavoker v'tzahorayim, hatov, ki lo chalu rachamecha, v'hamracheim, ki lo tamu chasadecha, meiolam kivinu lach.

---

*see the following page for the "Modim" paragraph recited by individuals during the repetition of the Amidah.

page 80

(the page number in Siddur Sim Shalom for Shabbat and Festivals appears directly below this line)

Page 118 continued

The following paragraph is recited by the congregation during the repetition of the Amidah.

מוֹדִים אֲנַחְנוּ לָךְ, שָׁאַתָּה הוּא יְיָ אֱלֹהֵינוּ וֵאלֹהֵי אֲבוֹתֵינוּ, אֱלֹהֵי כָל בָּשָׂר, יוֹצְרֵנוּ, יוֹצֵר בְּרֵאשִׁית. בְּרָכוֹת וְהוֹדָאוֹת לְשִׁמְךָ הַגָּדוֹל וְהַקָּדוֹשׁ, עַל שֶׁהֶחֱיִיתָנוּ וְקִיַּמְתָּנוּ. כֵּן תְּחַיֵּנוּ וּתְקַיְּמֵנוּ, וְתֶאֱסוֹף גָּלֻיּוֹתֵינוּ לְחַצְרוֹת קָדְשֶׁךָ, לִשְׁמוֹר חֻקֶּיךָ וְלַעֲשׂוֹת רְצוֹנֶךָ, וּלְעָבְדְּךָ בְּלֵבָב שָׁלֵם, עַל שֶׁאֲנַחְנוּ מוֹדִים לָךְ. בָּרוּךְ אֵל הַהוֹדָאוֹת.

Modim anachnu lach, sha'atah hu Adonai Eloheinu v'Elohei avoteinu, Elohei chol basar, yotz'reinu, yotzeir b'reishit. B'rachot v'hoda'ot l'shimcha hagadol v'hakadosh, al shehecheyitanu v'kiyamtanu. Kein t'chayeinu ut'kay'meinu, v'te'esof galuyoteinu l'chatzrot kad'shecha, lishmor chukecha v'la'asot r'tzonecha, ul'avd'cha b'leivav shaleim, al she'anachnu modim lach. Baruch eil hahoda'ot.

We are grateful to You, God of all flesh, that we are alive. Sustain us, so that we might continue our heartfelt gratitude to You.

This page is recited on Channukah

עַל הַנִּסִּים, וְעַל הַפֻּרְקָן, וְעַל הַגְּבוּרוֹת, וְעַל הַתְּשׁוּעוֹת, וְעַל הַמִּלְחָמוֹת, שֶׁעָשִׂיתָ לַאֲבוֹתֵינוּ בַּיָּמִים הָהֵם בַּזְּמַן הַזֶּה.

Al hanisim, v'al hapurkan, v'al hag'vurot, v'al hat'shuot, v'al hamilchamot, she'asita la'avoteinu bayamim haheim baz'man hazeh.

בִּימֵי מַתִּתְיָהוּ בֶּן יוֹחָנָן כֹּהֵן גָּדוֹל, חַשְׁמוֹנָאִי וּבָנָיו, כְּשֶׁעָמְדָה מַלְכוּת יָוָן הָרְשָׁעָה עַל עַמְּךָ יִשְׂרָאֵל לְהַשְׁכִּיחָם תּוֹרָתֶךָ, וּלְהַעֲבִירָם מֵחֻקֵּי רְצוֹנֶךָ, וְאַתָּה בְּרַחֲמֶיךָ הָרַבִּים עָמַדְתָּ לָהֶם בְּעֵת צָרָתָם, רַבְתָּ אֶת רִיבָם, דַּנְתָּ אֶת דִּינָם, נָקַמְתָּ אֶת נִקְמָתָם, מָסַרְתָּ גִבּוֹרִים בְּיַד חַלָּשִׁים, וְרַבִּים בְּיַד מְעַטִּים, וּטְמֵאִים בְּיַד טְהוֹרִים, וּרְשָׁעִים בְּיַד צַדִּיקִים, וְזֵדִים בְּיַד עוֹסְקֵי תוֹרָתֶךָ. וּלְךָ עָשִׂיתָ שֵׁם גָּדוֹל וְקָדוֹשׁ בְּעוֹלָמֶךָ, וּלְעַמְּךָ יִשְׂרָאֵל עָשִׂיתָ תְּשׁוּעָה גְדוֹלָה וּפֻרְקָן כְּהַיּוֹם הַזֶּה. וְאַחַר כֵּן בָּאוּ בָנֶיךָ לִדְבִיר בֵּיתֶךָ, וּפִנּוּ אֶת הֵיכָלֶךָ, וְטִהֲרוּ אֶת מִקְדָּשֶׁךָ, וְהִדְלִיקוּ נֵרוֹת בְּחַצְרוֹת קָדְשֶׁךָ, וְקָבְעוּ שְׁמוֹנַת יְמֵי חֲנֻכָּה אֵלּוּ, לְהוֹדוֹת וּלְהַלֵּל לְשִׁמְךָ הַגָּדוֹל.

Bimei Matityahu ben Yochanan kohein gadol chashmonai uvanav, k'she'am'dah malchut yavan har'sha'ah al am'cha yisra'eil, l'hashkicham toratecha, ul'ha'aviram meichukei r'tzonecha. v'atah b'rachamecha harabim, amadta lahem b'eit tzaratam, ravta et rivam, danta et dinam, nakamta et nikmatam. masarta giborim b'yad chalashim, v'rabim b'yad m'atim, ut'meiim b'yad t'horim, ursha'im b'yad tzadikim, v'zeidim b'yad os'kei toratecha, ul'cha asita sheim gadol v'kadosh b'olamecha, ul'am'cha yisra'eil asita t'shuah g'dolah ufurkan k'hayom hazeh. v'achar kein bau vanecha lidvir veitecha, ufinu et heichalecha, v'tiharu et mikdashecha, v'hidliku neirot b'chatzrot kod'shecha, v'kav'u sh'monat y'mei chanukah eilu, l'hodot ul'haleil l'shimcha hagadol.

page 82

(the page number in Siddur Sim Shalom for Shabbat and Festivals appears directly below this line)

Page 119 continued

וְעַל כֻּלָּם יִתְבָּרַךְ וְיִתְרוֹמַם שִׁמְךָ מַלְכֵּנוּ תָּמִיד לְעוֹלָם וָעֶד.

V'al kulam yitbarach v'yitromam shimcha malkeinu tamid l'olam va'ed.

For all these gifts we will praise Your Holy name for all time.

The following is said only on the Shabbat between Rosh haShannah and Yom Kippur

וּכְתוֹב לְחַיִּים טוֹבִים כָּל בְּנֵי בְרִיתֶךָ.

Uch'tov l'chayim tovim kol b'nei v'ritecha.

וְכֹל הַחַיִּים יוֹדוּךָ סֶּלָה, וִיהַלְלוּ אֶת שִׁמְךָ בֶּאֱמֶת, הָאֵל יְשׁוּעָתֵנוּ וְעֶזְרָתֵנוּ סֶלָה.

V'chol hachayim yoducha selah, vihalelu et shimcha be'emet, ha'eil y'shuateinu v'ezrateinu selah.

All that lives thanks you and, with integrity, sings Your praise.

Bend knees on "baruch", bow on "atah", straighten at "Adonai".

בָּרוּךְ אַתָּה יְיָ, הַטּוֹב שִׁמְךָ וּלְךָ נָאֶה לְהוֹדוֹת.

Baruch atah Adonai, hatov shimcha ul'cha na'eh l'hodot.

Blessed are You, Adonai, the Good!

Page 119 continued

The following is recited only by the leader when the Amidah is being during communal recitation or repetition, not read quietly by an individual:

אֱלֹהֵינוּ וֵאלֹהֵי אֲבוֹתֵינוּ, בָּרְכֵנוּ בַבְּרָכָה הַמְשֻׁלֶּשֶׁת בַּתּוֹרָה הַכְּתוּבָה עַל יְדֵי מֹשֶׁה עַבְדֶּךָ, הָאֲמוּרָה מִפִּי אַהֲרֹן וּבָנָיו כֹּהֲנִים, עַם קְדוֹשֶׁךָ, כָּאָמוּר.

Eloheinu v'Elohei avoteinu, bar'cheinu vab'rachah hamshuleshet baTorah hak'tuvah al y'dei mosheh avdecha, ha'amurah mipi aharon uvanav kohanim, am k'doshecha, ka'amur.

יְבָרֶכְךָ יְיָ וְיִשְׁמְרֶךָ.
(כֵּן יְהִי רָצוֹן)
יָאֵר יְיָ פָּנָיו אֵלֶיךָ וִיחֻנֶּךָּ.
(כֵּן יְהִי רָצוֹן)
יִשָּׂא יְיָ פָּנָיו אֵלֶיךָ וְיָשֵׂם לְךָ שָׁלוֹם.
(כֵּן יְהִי רָצוֹן)

Y'varechcha Adonai v'yishm'recha.
   (**Cong**: Kein y'hi ratzon)
Ya'eir Adonai panav eilecha vichuneka.
   (**Cong**: Kein y'hi ratzon)
Yisa Adonai panav eilecha v'yaseim l'cha shalom.
   (**Cong**: Kein y'hi ratzon)

May we be blessed with the holy blessing of Aaron and his descendents: May Adonai bless you and protect you. May Adonai's face shine upon you and show you love. May Adonai bless you with Peace.

(the page number in Siddur Sim Shalom for Shabbat and Festivals appears directly below this line)

Page 120

שִׂים שָׁלוֹם בָּעוֹלָם, טוֹבָה וּבְרָכָה, חֵן וָחֶסֶד וְרַחֲמִים, עָלֵינוּ וְעַל כָּל יִשְׂרָאֵל עַמֶּךָ. בָּרְכֵנוּ, אָבִינוּ, כֻּלָּנוּ כְּאֶחָד בְּאוֹר פָּנֶיךָ, כִּי בְאוֹר פָּנֶיךָ נָתַתָּ לָּנוּ, יְיָ אֱלֹהֵינוּ, תּוֹרַת חַיִּים וְאַהֲבַת חֶסֶד, וּצְדָקָה וּבְרָכָה וְרַחֲמִים וְחַיִּים וְשָׁלוֹם, וְטוֹב בְּעֵינֶיךָ לְבָרֵךְ אֶת עַמְּךָ יִשְׂרָאֵל בְּכָל עֵת וּבְכָל שָׁעָה בִּשְׁלוֹמֶךָ.

Sim shalom ba'Olam, tovah uv'rachah, chein vachesed v'rachamim, aleinu v'al kol yisra'eil amecha. Bar'cheinu, avinu, kulanu k'echad b'or panecha, ki v'or panecha natata lanu, Adonai Eloheinu, torat chayim v'ahavat chesed, utz'dakah uv'rachah v'rachamim v'chayim v'shalom, v'tov b'einecha l'vareich et am'cha yisra'eil b'chol eit uv'chol sha'ah bishlomecha.

The following is said only on the Shabbat between Rosh haShannah and Yom Kippur

בְּסֵפֶר חַיִּים, בְּרָכָה וְשָׁלוֹם, וּפַרְנָסָה טוֹבָה, נִזָּכֵר וְנִכָּתֵב לְפָנֶיךָ, אֲנַחְנוּ וְכָל עַמְּךָ בֵּית יִשְׂרָאֵל, לְחַיִּים טוֹבִים וּלְשָׁלוֹם.

B'seifer chayim, b'rachah, v'shalom, ufarnasah tovah, nizacheir v'nikateiv l'fanecha, anachnu v'chol am'cha beit yisra'eil, l'chayim tovim ul'shalom.

בָּרוּךְ אַתָּה יְיָ, הַמְבָרֵךְ אֶת עַמּוֹ יִשְׂרָאֵל בַּשָּׁלוֹם.

Baruch atah Adonai, hamvareich et amo yisra'eil bashalom.

More than anything else, may the world be blessed by Peace.

(the page number in Siddur Sim Shalom for Shabbat and Festivals appears directly below this line)

Page 120 continued

אֱלֹהַי, נְצוֹר לְשׁוֹנִי מֵרָע, וּשְׂפָתַי מִדַּבֵּר מִרְמָה, וְלִמְקַלְלַי נַפְשִׁי תִדֹּם, וְנַפְשִׁי כֶּעָפָר לַכֹּל תִּהְיֶה. פְּתַח לִבִּי בְּתוֹרָתֶךָ, וּבְמִצְוֹתֶיךָ תִּרְדּוֹף נַפְשִׁי. וְכָל הַחוֹשְׁבִים עָלַי רָעָה, מְהֵרָה הָפֵר עֲצָתָם וְקַלְקֵל מַחֲשַׁבְתָּם. עֲשֵׂה לְמַעַן שְׁמֶךָ, עֲשֵׂה לְמַעַן יְמִינֶךָ, עֲשֵׂה לְמַעַן קְדֻשָּׁתֶךָ, עֲשֵׂה לְמַעַן תּוֹרָתֶךָ. לְמַעַן יֵחָלְצוּן יְדִידֶיךָ, הוֹשִׁיעָה יְמִינְךָ וַעֲנֵנִי. יִהְיוּ לְרָצוֹן אִמְרֵי פִי וְהֶגְיוֹן לִבִּי לְפָנֶיךָ, יְיָ צוּרִי וְגוֹאֲלִי. עֹשֶׂה שָׁלוֹם בִּמְרוֹמָיו, הוּא יַעֲשֶׂה שָׁלוֹם עָלֵינוּ, וְעַל כָּל יִשְׂרָאֵל, וְאִמְרוּ אָמֵן.

Elohai, n'tzor l'shoni meira, us'fatai midabeir mirmah, v'limkal'lai nafshi tidom, v'nafshi ke'afar lakol tihyeh. P'tach libi b'toratecha, uv'mitzvatecha tirdof nafshi. V'chol hachosh'vim alai ra'ah, m'heirah hafeir atzatam v'kalkeil machashavtam. Aseih l'ma'an sh'mecha, aseih l'ma'an y'minecha, aseih l'ma'an k'dushatecha, aseih l'ma'an toratecha. L'ma'an yeichal'tzun y'didecha, hoshi'ah y'min'cha va'aneini. Yihyu l'ratzon imrei fi v'hegyon libi l'fanecha, Adonai tzuri v'goali. Oseh shalom bimromav, hu ya'aseh shalom aleinu, v'al kol yisra'eil, v'imru amein.

My God, keep my tongue from evil, my lips from lies. Help me ignore those who would slander me. Let me be humble before all. Open my heart to Your Torah that I may pursue Your mitzvot. Frustrate the designs of those who plot evil against me; make nothing of their schemes. Act for the sake of Your compassion, Your power, Your holiness, and Your Torah. Answer my prayer for the deliverance of Your people. May the words of my mouth and the meditations of my heart be pleasing to You, Adonai, my Rock and my Redeemer. May the One who brings peace to the universe bring peace to us and to all the people Israel. Amen.

(the page number in Siddur Sim Shalom for Shabbat and Festivals appears directly below this line)

Full Kaddish (Kaddish Shalem) Page 138

יִתְגַּדַּל וְיִתְקַדַּשׁ שְׁמֵהּ רַבָּא. בְּעָלְמָא דִּי בְרָא כִרְעוּתֵהּ, וְיַמְלִיךְ מַלְכוּתֵהּ בְּחַיֵּיכוֹן וּבְיוֹמֵיכוֹן וּבְחַיֵּי דְכָל בֵּית יִשְׂרָאֵל, בַּעֲגָלָא וּבִזְמַן קָרִיב, וְאִמְרוּ אָמֵן.

Yitgadal v'yitkadash sh'meih raba. B'al'ma di v'ra chiruteih, v'yamlich malchuteih b'chayeichon uv'yomeichon uv'chayei d'chol beit yisra'eil, ba'agala uvizman kariv, v'imru amein.

יְהֵא שְׁמֵהּ רַבָּא מְבָרַךְ לְעָלַם וּלְעָלְמֵי עָלְמַיָּא.

Y'hei sh'meih raba m'varach l'alam ul'al'mei al'maya.

יִתְבָּרַךְ וְיִשְׁתַּבַּח וְיִתְפָּאַר וְיִתְרוֹמַם וְיִתְנַשֵּׂא וְיִתְהַדָּר וְיִתְעַלֶּה וְיִתְהַלָּל שְׁמֵהּ דְּקֻדְשָׁא בְּרִיךְ הוּא, לְעֵֽלָּא מִן כָּל (לְעֵֽלָּא לְעֵֽלָּא מִכָּל) בִּרְכָתָא וְשִׁירָתָא תֻּשְׁבְּחָתָא וְנֶחֱמָתָא, דַּאֲמִירָן בְּעָלְמָא, וְאִמְרוּ אָמֵן.

Yitbarach v'yishtabach v'yitpa'ar v'yitromam v'yitnasei v'yithadar v'yitaleh v'yithalal sh'meih d'kudsha b'rich hu, l'eila min kol (*on Shabbat Shuvah*: l'eila l'eila mikol) birchata v'shirata tushb'chata v'nechemata, da'amiran b'al'ma, v'imru amein.

Page 138 continued

תִּתְקַבַּל צְלוֹתְהוֹן וּבָעוּתְהוֹן דְּכָל יִשְׂרָאֵל קֳדָם אֲבוּהוֹן דִּי בִשְׁמַיָּא וְאִמְרוּ אָמֵן.	Titkabel Tzelot'hon uva'ut'hon dechol Yisrael, kodahm avuhon di vish'maya, ve'imru amen.
יְהֵא שְׁלָמָא רַבָּא מִן שְׁמַיָּא, וְחַיִּים עָלֵינוּ וְעַל כָּל יִשְׂרָאֵל, וְאִמְרוּ אָמֵן.	Y'hei sh'lama raba min sh'maya, v'chayim aleinu v'al kol yisra'eil, v'imru amein.
עֹשֶׂה שָׁלוֹם בִּמְרוֹמָיו, הוּא יַעֲשֶׂה שָׁלוֹם עָלֵינוּ וְעַל כָּל יִשְׂרָאֵל, ועל כל יושבי תבל, וְאִמְרוּ אָמֵן.	Oseh shalom bimromav, hu ya'aseh shalom aleinu v'al kol yisra'eil, ve'al kol yoshvei tevel, v'imru amein.

[a translation of *Full Kaddish* is found on page 138 in Siddur Sim Shalom.]

page 88
(the page number in Siddur Sim Shalom for Shabbat and Festivals appears directly below this line)

Torah Service   Page 139

אֵין כָּמְוֹךָ בָאֱלֹהִים, יְיָ, וְאֵין כְּמַעֲשֶׂיךָ. מַלְכוּתְךָ מַלְכוּת כָּל עֹלָמִים, וּמֶמְשַׁלְתְּךָ בְּכָל דֹּר וָדֹר. יְיָ מֶלֶךְ, יְיָ מָלָךְ, יְיָ יִמְלֹךְ לְעֹלָם וָעֶד. יְיָ עֹז לְעַמּוֹ יִתֵּן, יְיָ יְבָרֵךְ אֶת עַמּוֹ בַשָּׁלוֹם. אַב הָרַחֲמִים, הֵיטִיבָה בִרְצוֹנְךָ אֶת צִיּוֹן, תִּבְנֶה חוֹמוֹת יְרוּשָׁלָיִם. כִּי בְךָ לְבַד בָּטָחְנוּ, מֶלֶךְ אֵל רָם וְנִשָּׂא, אֲדוֹן עוֹלָמִים.

Ein kamocha va'Elohim, Adonai, v'ein k'ma'asecha. Malchut'cha malchut kol olamim, umemshalt'cha b'chol dor vador. Adonai melech, Adonai malach, Adonai yimloch l'olam va'ed. Adonai oz l'amo yitein, Adonai y'vareich et amo vashalom. Av harachamim, heitivah virtzon'cha et tziyon, tivneh chomot y'rushalayim. Ki v'cha l'vad batach'nu, melech eil ram v'nisa, adon olamim.

There are none among the gods like you Adonai, and there are no deeds like Yours. Your kingdom is an everlasting kingdom, and Your dominion endures throughout the generations. Adonai rules! Adonai has ruled! Adonai will rule forever and ever. Adonai will give strength to the people Israel and bless them with peace. Source of mercy, bestow Your favor upon Zion. Rebuild the walls of Jerusalem. For in You alone we trust, God and Ruler, high and exalted, Master of all the world.

page 89
(the page number in Siddur Sim Shalom for Shabbat and Festivals appears directly below this line)

Page 139 continued

וַיְהִי בִּנְסֹעַ הָאָרֹן וַיֹּאמֶר מֹשֶׁה, קוּמָה, יְיָ, וְיָפֻצוּ אֹיְבֶיךָ, וְיָנֻסוּ מְשַׂנְאֶיךָ מִפָּנֶיךָ. כִּי מִצִּיּוֹן תֵּצֵא תוֹרָה, וּדְבַר יְיָ מִירוּשָׁלָיִם. בָּרוּךְ שֶׁנָּתַן תּוֹרָה לְעַמּוֹ יִשְׂרָאֵל בִּקְדֻשָּׁתוֹ.

Vay'hi binsoa ha'aron vayomer mosheh, kumah, Adonai, v'yafutzu oy'vecha, v'yanusu m'sanecha mipanecha. Ki mitziyon teitzei torah, ud'var Adonai mirushalayim. Baruch shenatan torah l'amo yisra'eil bikdushato.

When the ark was carried forward, Moses would say, 'Arise, Lord! May Your enemies be scattered, may Your foes be put to flight.' The Torah shall come from Zion, the word of Adonai from Jerusalem. Blessed is the One Who gave Torah to Israel in holiness.

page 90
(the page number in Siddur Sim Shalom for Shabbat and Festivals appears directly below this line)

Page 139 continued

בְּרִיךְ שְׁמֵהּ דְּמָרֵא עָלְמָא, בְּרִיךְ כִּתְרָךְ וְאַתְרָךְ. יְהֵא רְעוּתָךְ עִם עַמָּךְ יִשְׂרָאֵל לְעָלַם, וּפֻרְקַן יְמִינָךְ אַחֲזֵי לְעַמָּךְ בְּבֵית מַקְדְּשָׁךְ, וּלְאַמְטוּיֵי לָֽנָא מִטּוּב נְהוֹרָךְ, וּלְקַבֵּל צְלוֹתָֽנָא בְּרַחֲמִין. יְהֵא רַעֲוָא קֳדָמָךְ דְּתוֹרִיךְ לָן חַיִּין בְּטִיבוּתָא, וְלֶהֱוֵי אֲנָא פְקִידָא בְּגוֹ צַדִּיקַיָּא, לְמִרְחַם עָלַי וּלְמִנְטַר יָתִי וְיַת כָּל דִּי לִי וְדִי לְעַמָּךְ יִשְׂרָאֵל. אַנְתְּ הוּא זָן לְכֹלָּא, וּמְפַרְנֵס לְכֹלָּא. אַנְתְּ הוּא שַׁלִּיט עַל כֹּלָּא, אַנְתְּ הוּא דְּשַׁלִּיט עַל מַלְכַיָּא, וּמַלְכוּתָא דִּילָךְ הִיא.

B'rich sh'meih d'marei al'ma, b'rich kitrach v'atrach. Y'hei r'utach im amach yisra'eil l'alam, ufurkan y'minach achazei l'amach b'veit makd'shach, ul'amtuyei lana mituv n'horach, ul'kabeil tz'lotana b'rachamin. Y'hei ra'ava kodamach d'torich lan chayin b'tivuta, v'lehevei ana f'kida b'go tzadikaya, l'mircham alai ul'mintar yati v'yat kol di li v'di l'amach yisra'eil. Ant hu zan l'chola, um'farneis l'chola. Ant hu shalit al kola, ant hu d'shalit al malchaya, umalchuta dilach hi.

Blessed is the Name of the Master of the Universe.

אֲנָא עַבְדָּא דְקֻדְשָׁא בְּרִיךְ הוּא, דְּסָגֵידְנָא קַמֵּהּ, וּמִקַּמָּא דִּיקַר אוֹרַיְתֵהּ בְּכָל עִדָּן וְעִדָּן. לָא עַל אֱנָשׁ רָחֵיצְנָא, וְלָא עַל בַּר אֱלָהִין סָמֵיכְנָא, אֶלָּא בֶּאֱלָהָא דִשְׁמַיָּא, דְּהוּא אֱלָהָא קְשׁוֹט, וְאוֹרַיְתֵהּ קְשׁוֹט, וּנְבִיאוֹהִי קְשׁוֹט, וּמַסְגֵּא לְמֶעְבַּד טַבְוָן וּקְשׁוֹט. בֵּהּ אֲנָא רָחִיץ, וְלִשְׁמֵהּ קַדִּישָׁא יַקִּירָא אֲנָא אֵמַר תֻּשְׁבְּחָן. יְהֵא רַעֲוָא קֳדָמָךְ דְּתִפְתַּח לִבָּאִי בְּאוֹרַיְתָא, וְתַשְׁלִים מִשְׁאֲלִין דְּלִבָּאִי, וְלִבָּא דְכָל עַמָּךְ יִשְׂרָאֵל, לְטַב וּלְחַיִּין וְלִשְׁלָם. (אָמֵן.)

Ana avda d'kudsha b'rich hu, d'sagid'na kameih, umikama dikar orayteih b'chol idan v'idan. La al enash rachitz'na, v'la al bar elahin samich'na, ela be‘elaha dishmaya, d'hu elaha k'shot, v'orayteih k'shot, un'viohi k'shot, umasgei l'mebad tavvan uk'shot. Beih ana rachitz, v'lishmeih kadisha yakira ana eimar tushb'chan. Y'hei ra‘ava kodamach d'tiftach libai b'orayta, v'tashlim mishalin d'libai, v'liba d'chol amach yisra‘eil, l'tav ul'chayin v'lishlam. (amein.)

I am a servant of the Holy Blessed One.

page 92
(the page number in Siddur Sim Shalom for Shabbat and Festivals appears directly below this line)

Page 141

שְׁמַע יִשְׂרָאֵל, יְיָ אֱלֹהֵינוּ, יְיָ אֶחָד.

Leader and then Congregation: Sh'ma yisra'eil, Adonai Eloheinu, Adonai echad.

Hear, O Israel, Adonai our God, Adonai Alone.

אֶחָד אֱלֹהֵינוּ, גָּדוֹל אֲדוֹנֵנוּ, קָדוֹשׁ (בשבת שובה: וְנוֹרָא) שְׁמוֹ.

Leader and then Congregation: Echad Eloheinu, gadol adoneinu, kadosh (*On the Shabbat between Rosh haShannah and Yom Kippur add:* veNora) sh'mo.

One is our God, great is Adonai, Holy is God's Name.

גַּדְּלוּ לַייָ אִתִּי, וּנְרוֹמְמָה שְׁמוֹ יַחְדָּו.

Leader: Gad'lu l'Adonai iti, un'rom'mah sh'mo yachdav.

Give greatness to Adonai with me, sing to God's Name together!

(the page number in Siddur Sim Shalom for Shabbat and Festivals appears directly below this line)

Page 141 continued

לְךָ יְיָ הַגְּדֻלָּה וְהַגְּבוּרָה וְהַתִּפְאֶרֶת וְהַנֵּצַח וְהַהוֹד, כִּי כֹל בַּשָּׁמַיִם וּבָאָרֶץ, לְךָ יְיָ הַמַּמְלָכָה, וְהַמִּתְנַשֵּׂא לְכֹל לְרֹאשׁ. רוֹמְמוּ יְיָ אֱלֹהֵינוּ, וְהִשְׁתַּחֲווּ לַהֲדֹם רַגְלָיו, קָדוֹשׁ הוּא. רוֹמְמוּ יְיָ אֱלֹהֵינוּ, וְהִשְׁתַּחֲווּ לְהַר קָדְשׁוֹ, כִּי קָדוֹשׁ יְיָ אֱלֹהֵינוּ.

L'cha Adonai hag'dulah v'hag'vurah v'hatiferet v'haneitzach v'hahod, ki chol bashamayim uva'aretz, l'cha Adonai hamamlachah, v'hamitnasei l'chol l'rosh. Rom'mu Adonai eloheinu, v'hishtachavu lahadom raglav, kadosh hu. Rom'mu Adonai eloheinu, v'hishtachavu l'har kad'sho, ki kadosh Adonai eloheinu.

Yours, God, is the greatness, the power, the glory, the victory, and the majesty; for all that is in heaven and earth is Yours. You, God, are supreme over all. Sing to God at the Holy mountain!

page 94
(the page number in Siddur Sim Shalom for Shabbat and Festivals appears directly below this line)

Page 142

Receiving an Aliyah

Before the Torah reading, the one receiving the Aliyah kisses the Torah with their Tallit and recites:

בָּרְכוּ אֶת יְיָ הַמְבֹרָךְ. Bar'chu et Adonai hamvorach

Bless Adonai who is blessed!

The Congregation responds:

בָּרוּךְ יְיָ הַמְבֹרָךְ לְעוֹלָם וָעֶד. Baruch Adonai hamvorach l'olam va'ed.

Blessed is Adonai who is blessed, now and forever!

The one receiving the Aliyah responds:

בָּרוּךְ יְיָ הַמְבֹרָךְ לְעוֹלָם וָעֶד. בָּרוּךְ אַתָּה יְיָ אֱלֹהֵינוּ מֶלֶךְ הָעוֹלָם, אֲשֶׁר בָּחַר בָּנוּ מִכָּל הָעַמִּים וְנָתַן לָנוּ אֶת תּוֹרָתוֹ. בָּרוּךְ אַתָּה יְיָ, נוֹתֵן הַתּוֹרָה.

Baruch Adonai hamvorach l'olam va'ed. Baruch atah Adonai eloheinu melech ha'olam, asher bachar banu mikol ha'amim v'natan lanu et torato. Baruch atah Adonai, notein hatorah.

Blessed is Adonai who is blessed, now and forever! Blessed is Adonai our God, sovereign of the universe, who has chosen us from all peoples to receive the Torah. Blessed is Adonai, Giver of Torah.

Page 142 continued

Receiving an Aliyah (continued)

After the Torah reading, the one receiving the Aliyah kisses the Torah with their Tallit and recites:

בָּרוּךְ אַתָּה יְיָ אֱלֹהֵינוּ מֶלֶךְ הָעוֹלָם, אֲשֶׁר נָתַן לָנוּ תּוֹרַת אֱמֶת, וְחַיֵּי עוֹלָם נָטַע בְּתוֹכֵנוּ. בָּרוּךְ אַתָּה יְיָ, נוֹתֵן הַתּוֹרָה.

Baruch atah Adonai eloheinu melech ha'olam, asher natan lanu torat emet, v'chayei olam nata b'tocheinu. Baruch atah Adonai, notein hatorah.

Blessed is Adonai our God, sovereign of the universe, who has given us a Torah of truth, implanting within us eternal life. Blessed is the Lord, Giver of the Torah.

page 96
(the page number in Siddur Sim Shalom for Shabbat and Festivals appears directly below this line)

Page 146

When the Torah scroll is lifted

וְזֹאת הַתּוֹרָה אֲשֶׁר שָׂם מֹשֶׁה לִפְנֵי בְּנֵי יִשְׂרָאֵל, עַל פִּי יְיָ בְּיַד מֹשֶׁה. עֵץ חַיִּים הִיא לַמַּחֲזִיקִים בָּהּ, וְתֹמְכֶיהָ מְאֻשָּׁר. דְּרָכֶיהָ דַרְכֵי נֹעַם, וְכָל נְתִיבוֹתֶיהָ שָׁלוֹם.

V'zot hatorah asher sam mosheh lifnei b'nei yisra'eil, al pi Adonai b'yad msheh. Eitz chayim hi lamachazikim bah, v'tom'cheha m'ushar. D'racheha darchei noam, v'chol n'tivoteha shalom.

That is the Torah Moses placed before Israel. It is a tree of life to those who hold fast to it, and all its paths are Paths of Peace!

Page 149

A Prayer for the State of Israel

אָבִינוּ שֶׁבַּשָּׁמַיִם, צוּר יִשְׂרָאֵל וְגוֹאֲלוֹ, בָּרֵךְ אֶת מְדִינַת יִשְׂרָאֵל, רֵאשִׁית צְמִיחַת גְּאֻלָּתֵנוּ. הָגֵן עָלֶיהָ בְּאֶבְרַת חַסְדֶּךָ וּפְרוֹס עָלֶיהָ סֻכַּת שְׁלוֹמֶךָ, וּשְׁלַח אוֹרְךָ וַאֲמִתְּךָ לְרָאשֶׁיהָ, שָׂרֶיהָ וְיוֹעֲצֶיהָ, וְתַקְּנֵם בְּעֵצָה טוֹבָה מִלְּפָנֶיךָ. חַזֵּק אֶת יְדֵי מְגִנֵּי אֶרֶץ קָדְשֵׁנוּ, וְהַנְחִילֵם אֱלֹהֵינוּ יְשׁוּעָה, וַעֲטֶרֶת נִצָּחוֹן תְּעַטְּרֵם, וְנָתַתָּ שָׁלוֹם בָּאָרֶץ, וְשִׂמְחַת עוֹלָם לְיוֹשְׁבֶיהָ. וְנֹאמַר אָמֵן.

Avinu shebashamayim, tzur yisra'eil v'goalo, bareich et m'dinat yisra'eil, reishit tz'michat g'ulateinu. Hagein aleha b'evrat chasdecha uf'ros aleha sukat sh'lomecha, ush'lach or'cha va'amit'cha l'rasheha, sareha v'yoatzeha, v'tak'neim b'eitzah tovah mil'fanecha. Chazeik et y'dei m'ginei eretz kod'sheinu, v'hanchileim Eloheinu y'shuah, va'ateret nitzachon t'at'reim, v'natata shalom ba'aretz, v'simchat olam l'yosh'veha. veNomar, amein.

Avinu sheBashamayim, Rock and Redeemer of the people Israel; Bless the State of Israel, with its potential for redemption. Shield it with Your love; spread over it the shelter of Your peace. Guide its leaders and advisors with Your light and Your truth. Help them with Your good counsel. Strengthen the hands of those who defend our Homeland. Deliver them; crown their efforts with success. Bless the land with peace, and its inhabitants with lasting joy. And let us say: Amen.

page 98
(the page number in Siddur Sim Shalom for Shabbat and Festivals appears directly below this line)

Page 149 continued

A Prayer for Peace

May we see the day when war and bloodshed cease, when a great peace will embrace the whole world.

Then nation shall not lift up sword against nation, and mankind will not again know war.

For all who live on earth shall realize we have not come into being to hate or to destroy. We have come into being to praise, to labor, and to love.

Compassionate God, bless the leaders of all nations with the power of compassion.

Fulfill the promise conveyed in Scripture; I will bring peace to the land, and you shall lie down and no one shall terrify you.

I will rid the land of vicious beasts, and it shall not be ravaged by war.

Let love and justice flow like a mighty stream. Let peace the fill the earth as the waters fill the sea. And let us say:

Amen.

page 99
(the page number in Siddur Sim Shalom for Shabbat and Festivals appears directly below this line)

Page 150

Announcing the New Month

יְהִי רָצוֹן מִלְּפָנֶֽיךָ, יְיָ אֱלֹהֵֽינוּ וֵאלֹהֵי אֲבוֹתֵֽינוּ, שֶׁתְּחַדֵּשׁ עָלֵֽינוּ אֶת הַחֹֽדֶשׁ הַזֶּה לְטוֹבָה וְלִבְרָכָה, וְתִתֶּן לָֽנוּ חַיִּים אֲרוּכִים, חַיִּים שֶׁל שָׁלוֹם, חַיִּים שֶׁל טוֹבָה, חַיִּים שֶׁל בְּרָכָה, חַיִּים שֶׁל פַּרְנָסָה, חַיִּים שֶׁל חִלּוּץ עֲצָמוֹת, חַיִּים שֶׁיֵּשׁ בָּהֶם יִרְאַת שָׁמַֽיִם וְיִרְאַת חֵטְא, חַיִּים שֶׁאֵין בָּהֶם בּוּשָׁה וּכְלִמָּה, חַיִּים שֶׁל עֹֽשֶׁר וְכָבוֹד, חַיִּים שֶׁתְּהֵא בָֽנוּ אַהֲבַת תּוֹרָה וְיִרְאַת שָׁמַֽיִם, חַיִּים שֶׁיְּמַלֵּא יְיָ מִשְׁאֲלוֹת לִבֵּֽנוּ לְטוֹבָה, אָמֵן סֶֽלָה.

Y'hi ratzon mil'fanecha, Adonai Eloheinu v'Elohei avoteinu, shet'chadeish aleinu et hachodesh hazeh l'tovah v'livrachah, v'titen lanu chayim aruchim, chayim shel shalom, chayim shel tovah, chayim shel b'rachah, chayim shel parnasah, chayim shel chilutz atzamot, chayim sheyeish bahem yirat shamayim v'yirat cheit, chayim she'ein bahem bushah uch'limah, chayim shel osher v'chavod, chayim shet'hei vanu ahavat Torah v'yirat shamayim, chayim shey'malei Adonai mishalot libeinu l'tovah, amein selah.

May it be your will, Adonai our God and God of our ancestors, that You should bless this coming month with good, blessing, long life, lives of peace, lives of goodness, life of blessing, life of sustenance, life of physical safety, of fear of sin, or contentment and dignity, love of Torah and awe, a life where the worthy wishes of our hearts are answered, amen selah.

page 100
(the page number in Siddur Sim Shalom for Shabbat and Festivals appears directly below this line)

Page 150 continued

מִי שֶׁעָשָׂה נִסִּים לַאֲבוֹתֵינוּ, וְגָאַל אוֹתָם מֵעַבְדוּת לְחֵרוּת, הוּא יִגְאַל אוֹתָנוּ בְּקָרוֹב, וִיקַבֵּץ נִדָּחֵינוּ מֵאַרְבַּע כַּנְפוֹת הָאָרֶץ, חֲבֵרִים כָּל יִשְׂרָאֵל, וְנֹאמַר אָמֵן.

Mi she'asah nisim la'avoteinu, v'ga'al otam mei'avdut l'cheirut, hu yigal otanu b'karov, vikabeitz nidacheinu mei'arba kanfot ha'aretz, chaveirim kol yisra'eil, v'nomar amein.

May the One who made miracles for our ancestors, and redeemed them from slavery into freedom, redeem us soon, and gather our scattered ones from the four corners of the earth. All of Israel are friends, and let us say amen.

רֹאשׁ חֹדֶשׁ (פלוני) יִהְיֶה בְּיוֹם (פלוני) הַבָּא עָלֵינוּ וְעַל כָּל יִשְׂרָאֵל לְטוֹבָה.

Rosh chodesh (insert name of month) yihyeh b'yom (insert day of week) haba aleinu v'al kol yisra'eil l'tovah.

The first of the month of ___ will be on this day of the week ___, may it come to us and all of Israel for blessing!

Page 150 continued

יְחַדְּשֵׁהוּ הַקָּדוֹשׁ בָּרוּךְ הוּא עָלֵינוּ וְעַל כָּל עַמּוֹ בֵּית יִשְׂרָאֵל, לְחַיִּים וּלְשָׁלוֹם, לְשָׂשׂוֹן וּלְשִׂמְחָה, לִישׁוּעָה וּלְנֶחָמָה, וְנֹאמַר אָמֵן.

Y'chad'sheihu hakadosh baruch hu aleinu v'al kol amo beit yisra'eil, l'chayim ul'shalom, l'sason ul'simchah, lishuah ul'nechamah, v'nomar amein.

May the Holy Blessed One renew the month unto us and unto all of Israel, for life and for peace, for salvation and for comfort, and let us say amen.

page 102

(the page number in Siddur Sim Shalom for Shabbat and Festivals appears directly below this line)

Page 151

אַשְׁרֵי יוֹשְׁבֵי בֵיתֶךָ, עוֹד יְהַלְלוּךָ סֶּלָה. אַשְׁרֵי הָעָם שֶׁכָּכָה לּוֹ, אַשְׁרֵי הָעָם שֶׁיְיָ אֱלֹהָיו.

Ashrei yosh'vei veitecha, od y'halelucha selah. Ashrei ha'am shekachah lo, ashrei ha'am she'adonai elohav.

תְּהִלָּה לְדָוִד, אֲרוֹמִמְךָ אֱלוֹהַי הַמֶּלֶךְ, וַאֲבָרְכָה שִׁמְךָ לְעוֹלָם וָעֶד. בְּכָל יוֹם אֲבָרְכֶךָּ, וַאֲהַלְלָה שִׁמְךָ לְעוֹלָם וָעֶד. גָּדוֹל יְיָ וּמְהֻלָּל מְאֹד, וְלִגְדֻלָּתוֹ אֵין חֵקֶר.

T'hilah l'david, aromimcha elohai hamelech, va'avar'chah shimcha l'olam va'ed. B'chol yom avar'cheka, va'ahal'lah shimcha l'olam va'ed. Gadol Adonai um'hulal m'od, v'ligdulato ein cheiker.

Happy are those who dwell in Your home, Adonai!

Page 152

דּוֹר לְדוֹר יְשַׁבַּח מַעֲשֶׂיךָ, וּגְבוּרֹתֶיךָ יַגִּידוּ.	Dor l'dor y'shabach ma'asecha, ug'vurotecha yagidu.
הֲדַר כְּבוֹד הוֹדֶךָ, וְדִבְרֵי נִפְלְאוֹתֶיךָ אָשִׂיחָה.	Hadar k'vod hodecha, v'divrei nifl'otecha asichah.
וֶעֱזוּז נוֹרְאוֹתֶיךָ יֹאמֵרוּ, וּגְדֻלָּתְךָ אֲסַפְּרֶנָּה.	Ve'ezuz nor'otecha yomeiru, ug'dulat'cha asap'renah.
זֵכֶר רַב טוּבְךָ יַבִּיעוּ, וְצִדְקָתְךָ יְרַנֵּנוּ.	Zecher rav tuv'cha yabiu, v'tzidkat'cha y'raneinu.
חַנּוּן וְרַחוּם יְיָ, אֶרֶךְ אַפַּיִם וּגְדָל חָסֶד.	Chanun v'rachum Adonai, erech apayim ug'dol chased.
טוֹב יְיָ לַכֹּל, וְרַחֲמָיו עַל כָּל מַעֲשָׂיו.	Tov Adonai lakol, v'rachamav al kol ma'asav.
יוֹדוּךָ יְיָ כָּל מַעֲשֶׂיךָ, וַחֲסִידֶיךָ יְבָרְכוּכָה.	Yoducha Adonai kol ma'asecha, vachasidecha y'var'chuchah.
כְּבוֹד מַלְכוּתְךָ יֹאמֵרוּ, וּגְבוּרָתְךָ יְדַבֵּרוּ.	K'vod malchut'cha yomeiru, ug'vurat'cha y'dabeiru.
לְהוֹדִיעַ לִבְנֵי הָאָדָם גְּבוּרֹתָיו, וּכְבוֹד הֲדַר מַלְכוּתוֹ.	L'hodi'a livnei ha'adam g'vurotav, uch'vod hadar malchuto.
מַלְכוּתְךָ מַלְכוּת כָּל עוֹלָמִים, וּמֶמְשַׁלְתְּךָ בְּכָל דֹּר וָדֹר.	Malchut'cha malchut kol olamim, umemshalt'cha b'chol dor vador.

You open up Your Hand and You give every living thing what it needs.

page 104

(the page number in Siddur Sim Shalom for Shabbat and Festivals appears directly below this line)

Page 152 continued

סוֹמֵךְ יְיָ לְכָל הַנֹּפְלִים, וְזוֹקֵף לְכָל הַכְּפוּפִים. עֵינֵי כֹל אֵלֶיךָ יְשַׂבֵּרוּ, וְאַתָּה נוֹתֵן לָהֶם אֶת אָכְלָם בְּעִתּוֹ. פּוֹתֵחַ אֶת יָדֶךָ, וּמַשְׂבִּיעַ לְכָל חַי רָצוֹן.	Someich Adonai l'chol hanof'lim, v'zokeif l'chol hak'fufim. Einei chol eilecha y'sabeiru, v'atah notein lahem et ach'lam b'ito. Potei'ach et yadecha, umasbi'a l'chol chai ratzon.
צַדִּיק יְיָ בְּכָל דְּרָכָיו, וְחָסִיד בְּכָל מַעֲשָׂיו. קָרוֹב יְיָ לְכָל קֹרְאָיו, לְכֹל אֲשֶׁר יִקְרָאֻהוּ בֶאֱמֶת. רְצוֹן יְרֵאָיו יַעֲשֶׂה, וְאֶת שַׁוְעָתָם יִשְׁמַע וְיוֹשִׁיעֵם. שׁוֹמֵר יְיָ אֶת כָּל אֹהֲבָיו, וְאֵת כָּל הָרְשָׁעִים יַשְׁמִיד. תְּהִלַּת יְיָ יְדַבֶּר פִּי, וִיבָרֵךְ כָּל בָּשָׂר שֵׁם קָדְשׁוֹ לְעוֹלָם וָעֶד. וַאֲנַחְנוּ נְבָרֵךְ יָהּ, מֵעַתָּה וְעַד עוֹלָם, הַלְלוּיָהּ.	Tzadik Adonai b'chol d'rachav, v'chasid b'chol ma'asav. Karov Adonai l'chol kor'av, l'chol asher yikrauhu ve'emet. R'tzon y'rei'av ya'aseh, v'et shavatam yishma v'yoshi'eim. Shomeir Adonai et kol ohavav, v'eit kol har'shaim yashmid. T'hilat Adonai y'daber pi, vivareich kol basar sheim kod'sho l'olam va'ed. Va'anachnu n'vareich yah, mei'atah v'ad olam, HaleluYah.

My mouth will speak the praise of Adonai, and all flesh will bless God's Holy Name. And we bless Adonai, from now until forever, Halleluyah!

Returning the Torah — Page 153

we rise

יְהַלְלוּ אֶת שֵׁם יְיָ, כִּי נִשְׂגָּב שְׁמוֹ לְבַדּוֹ.

Leader: **Y'halelu** et sheim Adonai, ki nisgav sh'mo l'vado.

Come, sing to God with me!

הוֹדוֹ עַל אֶרֶץ וְשָׁמָיִם. וַיָּרֶם קֶרֶן לְעַמּוֹ, תְּהִלָּה לְכָל חֲסִידָיו, לִבְנֵי יִשְׂרָאֵל עַם קְרוֹבוֹ, הַלְלוּיָהּ.

Congregation: **Hodo** al eretz v'shamayim. Vayarem keren l'amo, t'hilah l'chol chasidav, livnei yisra'eil am k'rovo, HaleluYah.

God's Grandeur is shared by those who come close. Halleluyah!

Psalm 29

מִזְמוֹר לְדָוִד, הָבוּ לַייָ בְּנֵי אֵלִים, הָבוּ לַייָ כָּבוֹד וָעֹז. הָבוּ לַייָ כְּבוֹד שְׁמוֹ, הִשְׁתַּחֲווּ לַייָ בְּהַדְרַת קֹדֶשׁ.

Mizmor l'david, havu l'Adonai b'nei eilim, havu l'Adonai kavod va'oz. Havu l'Adonai k'vod sh'mo, hishtachavu l'Adonai b'hadrat kodesh.

A David Psalm. Grant to Adonai, O sons of God, Grant to Adonai glory and strength! Grant to Adonai God's name's glory. Bow to Adonai in holy majesty!

page 106

(the page number in Siddur Sim Shalom for Shabbat and Festivals appears directly below this line)

Page 153 continued

קוֹל יְיָ עַל הַמָּיִם, אֵל הַכָּבוֹד הִרְעִים, יְיָ עַל מַיִם רַבִּים. קוֹל יְיָ בַּכֹּחַ, קוֹל יְיָ בֶּהָדָר. קוֹל יְיָ שֹׁבֵר אֲרָזִים, וַיְשַׁבֵּר יְיָ אֶת אַרְזֵי הַלְּבָנוֹן.

Kol Adonai al hamayim, eil hakavod hirim, Adonai al mayim rabim. Kol Adonai bakoach, kol Adonai behadar. Kol Adonai shoveir arazim, vay'shabeir Adonai et arzeiy hal'vanon.

Adonai's voice is over the waters. The God of glory thunders. Adonai is over the mighty waters. Adonai's voice in power, Adonai's voice in majesty, Adonai's voice breaking cedars, Adonai shatters the Lebanon cedars,

וַיַּרְקִידֵם כְּמוֹ עֵגֶל, לְבָנוֹן וְשִׂרְיוֹן כְּמוֹ בֶן רְאֵמִים. קוֹל יְיָ חֹצֵב לַהֲבוֹת אֵשׁ. קוֹל יְיָ יָחִיל מִדְבָּר, יָחִיל יְיָ מִדְבַּר קָדֵשׁ. קוֹל יְיָ יְחוֹלֵל אַיָּלוֹת.

Vayarkideim k'mo eigel, l'vanon v'siryon k'mo ven r'eimim. Kol Adonai chotzeiv lahavot eish. Kol Adonai yachil midbar, yachil Adonai midbar kadeish. Kol Adonai y'choleil ayalot

and makes Lebanon dance like a calf, Sirion like a young wild ox. Adonai's voice hews flames of fire. Adonai's voice makes the wilderness shake, Adonai makes the Kadesh Wilderness shake. Adonai's voice brings on the birth-pangs of does

Page 153 continued

וַיֶּחֱשֹׂף יְעָרוֹת, וּבְהֵיכָלוֹ כֻּלּוֹ אֹמֵר כָּבוֹד. יְיָ לַמַּבּוּל יָשָׁב, וַיֵּשֶׁב יְיָ מֶלֶךְ לְעוֹלָם. יְיָ עֹז לְעַמּוֹ יִתֵּן, יְיָ יְבָרֵךְ אֶת עַמּוֹ בַשָּׁלוֹם.

vaYechesof y'arot, uv'heichalo kulo omeir kavod. Adonai lamabul yashav, vayeishev Adonai melech l'olam. Adonai oz l'amo yitein, Adonai y'vareich et amo vashalom.

and lays bare the forests. And in God's palace all says glory. Adonai was enthroned at the flood and Adonai is enthroned as king for all time. May Adonai give strength to God's people. May Adonai bless God's people with peace.

page 108
(the page number in Siddur Sim Shalom for Shabbat and Festivals appears directly below this line)

Page 154

וּבְנֻחֹה יֹאמַר, שׁוּבָה, יְיָ, רִבְבוֹת אַלְפֵי יִשְׂרָאֵל. קוּמָה יְיָ לִמְנוּחָתֶךָ, אַתָּה וַאֲרוֹן עֻזֶּךָ. כֹּהֲנֶיךָ יִלְבְּשׁוּ צֶדֶק, וַחֲסִידֶיךָ יְרַנֵּנוּ. בַּעֲבוּר דָּוִד עַבְדֶּךָ, אַל תָּשֵׁב פְּנֵי מְשִׁיחֶךָ.

Uv'nuchoh yomar, shuvah, Adonai, rivvot alfei yisra'eil. Kumah Adonai limnuchatecha, atah va'aron uzecha. Kohanecha yilb'shu tzedek, vachasidecha y'raneinu. Ba'avur david avdecha, al tasheiv p'nei m'shichecha.

כִּי לֶקַח טוֹב נָתַתִּי לָכֶם, תּוֹרָתִי אַל תַּעֲזֹבוּ.

Ki lekach tov natati lachem, torati al ta'azovu.

עֵץ חַיִּים הִיא לַמַּחֲזִיקִים בָּהּ, וְתֹמְכֶיהָ מְאֻשָּׁר. דְּרָכֶיהָ דַרְכֵי נֹעַם, וְכָל נְתִיבוֹתֶיהָ שָׁלוֹם. הֲשִׁיבֵנוּ יְיָ אֵלֶיךָ וְנָשׁוּבָה, חַדֵּשׁ יָמֵינוּ כְּקֶדֶם.

Eitz chayim hi lamachazikim bah, v'tom'cheha m'ushar. D'racheha darchei noam, v'chol n'tivoteha shalom. Hashiveinu Adonai eilecha v'nashuvah, chadeish yameinu k'kedem.

The Torah is a Tree of Life to all who hold it. Its ways are ways of pleasantness and all its paths are Peace. Return us to you, Adonai, and we will return. Renew our days as of old!

Chatzi (Half) Kaddish — Page 155

Musaf

יִתְגַּדַּל וְיִתְקַדַּשׁ שְׁמֵהּ רַבָּא. בְּעָלְמָא דִּי בְרָא כִרְעוּתֵהּ, וְיַמְלִיךְ מַלְכוּתֵהּ בְּחַיֵּיכוֹן וּבְיוֹמֵיכוֹן וּבְחַיֵּי דְכָל בֵּית יִשְׂרָאֵל, בַּעֲגָלָא וּבִזְמַן קָרִיב, וְאִמְרוּ אָמֵן.

Yitgadal v'yitkadash sh'meih raba. B'al'ma di v'ra chiruteih, v'yamlich malchuteih b'chayeichon uv'yomeichon uv'chayei d'chol beit yisra'eil, ba'agala uvizman kariv, v'imru amein.

יְהֵא שְׁמֵהּ רַבָּא מְבָרַךְ לְעָלַם וּלְעָלְמֵי עָלְמַיָּא.

Y'hei sh'meih raba m'varach l'alam ul'al'mei al'maya.

יִתְבָּרַךְ וְיִשְׁתַּבַּח וְיִתְפָּאַר וְיִתְרוֹמַם וְיִתְנַשֵּׂא וְיִתְהַדָּר וְיִתְעַלֶּה וְיִתְהַלָּל שְׁמֵהּ דְּקֻדְשָׁא בְּרִיךְ הוּא, לְעֵלָּא מִן כָּל (לְעֵלָּא לְעֵלָּא מִכָּל) בִּרְכָתָא וְשִׁירָתָא תֻּשְׁבְּחָתָא וְנֶחֱמָתָא, דַּאֲמִירָן בְּעָלְמָא, וְאִמְרוּ אָמֵן.

Yitbarach v'yishtabach v'yitpa'ar v'yitromam v'yitnasei v'yithadar v'yitaleh v'yithalal sh'meih d'kudsha b'rich hu, l'eila min kol (*on Shabbat Shuvah*: l'eila l'eila mikol) birchata v'shirata tushb'chata v'nechemata, da'amiran b'al'ma, v'imru amein.

[a translation of *Half Kaddish* is found on page 155 in Siddur Sim Shalom.]

page 110

(the page number in Siddur Sim Shalom for Shabbat and Festivals appears directly below this line)

Amidah
Page 156b

אֲדֹנָי שְׂפָתַי תִּפְתָּח וּפִי יַגִּיד תְּהִלָּתֶךָ.

Adonai s'fatai tiftach ufi yagid t'hilatecha.

Open my mouth, Adonai, and my lips will declare Your praise.

Bend knees on "baruch", bow on "atah", straighten at "Adonai".

בָּרוּךְ אַתָּה יְיָ אֱלֹהֵינוּ וֵאלֹהֵי אֲבוֹתֵינוּ, אֱלֹהֵי אַבְרָהָם, אֱלֹהֵי יִצְחָק, וֵאלֹהֵי יַעֲקֹב, אֱלֹהֵי שָׂרָה, אֱלֹהֵי רִבְקָה, אֱלֹהֵי רָחֵל וֵאלֹהֵי לֵאָה, הָאֵל הַגָּדוֹל הַגִּבּוֹר וְהַנּוֹרָא, אֵל עֶלְיוֹן, גּוֹמֵל חֲסָדִים טוֹבִים, וְקֹנֵה הַכֹּל, וְזוֹכֵר חַסְדֵי אָבוֹת, וּמֵבִיא גוֹאֵל לִבְנֵי בְנֵיהֶם, לְמַעַן שְׁמוֹ בְּאַהֲבָה.

Baruch atah Adonai Eloheinu v'Elohei avoteinu, Elohei avraham, Elohei yitzchak, v'Elohei ya'akov, Elohei sarah, Elohei rivkah, Elohei rachel, v'Elohei leyah, ha'eil hagadol hagibor v'hanora, eil elyon, gomeil chasadim tovim, v'koneih hakol, v'zocheir chasdei avot, umeivi goeil livnei v'neihem, l'ma'an sh'mo b'ahavah.

Blessed are You, Adonai, our God and God of our Ancestors: The God of Abraham, the God of Isaac and the God of Jacob, God of Sarah, God of Rebecca, God of Rachel and God of Leah. Great, mighty, awsome God; the God-Above, the One who does kindnesses, the Creator of everything, the One who remembers the merits of the ancestors- who brings a redeemer to their children's children, for God's own name's sake- in love.

(the page number in Siddur Sim Shalom for Shabbat and Festivals appears directly below this line)

Page 156b continued

The following is said on the Shabbat between Rosh haShannah and Yom Kippur:

זָכְרֵנוּ לְחַיִּים, מֶלֶךְ חָפֵץ בַּחַיִּים, וְכָתְבֵנוּ בְּסֵפֶר הַחַיִּים, לְמַעַנְךָ אֱלֹהִים חַיִּים.

Zoch'reinu l'chayim, melech chafeitz bachayim, v'chot'veinu b'seifer hachayim, l'ma'ancha elohim chayim.

Bend knees on "baruch", bow on "atah", straighten at "Adonai".

מֶלֶךְ עוֹזֵר וּמוֹשִׁיעַ וּמָגֵן. בָּרוּךְ אַתָּה יְיָ, מָגֵן אַבְרָהָם וּפוֹקֵד שָׂרָה.

Melech ozeir ofokeid umoshi'a umagein. Baruch atah Adonai, magein avraham ufoked sarah.

Ruler who helps and saves and protects: Blessed are You Adonai, Protector of Abraham and Rememberer of Sarah.

אַתָּה גִּבּוֹר לְעוֹלָם אֲדֹנָי, מְחַיֵּה מֵתִים אַתָּה, רַב לְהוֹשִׁיעַ.

Atah gibor l'olam Adonai, m'chayeih meitim atah, rav l'hoshi'a.

page 112
(the page number in Siddur Sim Shalom for Shabbat and Festivals appears directly below this line)

Page 156b continued

Between Shemini Atzeret and Pesach, say: מַשִּׁיב הָרְוּחַ וּמוֹרִיד הַגֶּשֶׁם. Mashiv haruach umorid hageshem.	*Between Pesach and Sukkot, say:* מוֹרִיד הַטַּל. Morid haTal.

מְכַלְכֵּל חַיִּים בְּחֶסֶד, מְחַיֵּה מֵתִים בְּרַחֲמִים רַבִּים, סוֹמֵךְ נוֹפְלִים, וְרוֹפֵא חוֹלִים, וּמַתִּיר אֲסוּרִים, וּמְקַיֵּם אֱמוּנָתוֹ לִישֵׁנֵי עָפָר, מִי כָמְוֹךָ בַּעַל גְּבוּרוֹת וּמִי דְּוֹמֶה לָּךְ, מֶלֶךְ מֵמִית וּמְחַיֶּה וּמַצְמִיחַ יְשׁוּעָה.

M'chalkeil chayim b'chesed, m'chayeih meitim b'rachamim rabim, someich nof'lim, v'rofei cholim, umatir asurim, um'kayeim emunato lisheinei afar, mi chamocha ba'al g'vurot umi domeh lach, melech meimit um'chayeh umatzmi'ach y'shuah.

You support all life, raising the dead with intense compassion, supporting the fallen, healing the sick, releasing the trapped, fulfilling faithfully the promise to those who sleep in the dust. Who is like You, Master of mighty deeds, Ruler of death, life, and hope?

page 113

(the page number in Siddur Sim Shalom for Shabbat and Festivals appears directly below this line)

Page 156b continued

The following is said on the Shabbat between Rosh haShannah and Yom Kippur:

מִי כָמוֹךָ אַב הָרַחֲמִים, זוֹכֵר יְצוּרָיו לְחַיִּים בְּרַחֲמִים.

Mi chamocha av harachamim, zocheir y'tzurav l'chayim b'rachamim.

וְנֶאֱמָן אַתָּה לְהַחֲיוֹת מֵתִים. בָּרוּךְ אַתָּה יְיָ, מְחַיֵּה הַמֵּתִים.

V'ne'eman atah l'hachayot meitim. Baruch atah Adonai, m'chayeih hameitim.

The following is recited only when the Amidah is being read quietly by an individual, not during communal recitation or repetition:

אַתָּה קָדוֹשׁ וְשִׁמְךָ קָדוֹשׁ, וּקְדוֹשִׁים בְּכָל יוֹם יְהַלְלוּךָ סֶּלָה. *בָּרוּךְ אַתָּה יְיָ, הָאֵל הַקָּדוֹשׁ.

Atah Kadosh veSimcha Kadosh uKedoshim beChol yom yehalelucha selah. *Baruch Atah Adonai, Ha'Eil haKadosh.

* on the Shabbat between Rosh haShannah and Yom Kippur, the closing blessing is:

בָּרוּךְ אַתָּה יְיָ, הַמֶּלֶךְ הַקָּדוֹשׁ.

Baruch Atah Adonai, HaMelech haKadosh.

You, Adonai, are faithful,
promising to return life to the dead,
and to touch our lives with holiness.

page 114

(the page number in Siddur Sim Shalom for Shabbat and Festivals appears directly below this line)

Kedusha — Page 157

The following is recited only when the Amidah is being during communal recitation or repetition, not read quietly by an individual:

נַעֲרִיצְךָ וְנַקְדִּישְׁךָ, כְּסוֹד שִׂיחַ שַׂרְפֵי קֹדֶשׁ הַמַּקְדִּישִׁים שִׁמְךָ בַּקֹּדֶשׁ, כַּכָּתוּב עַל יַד נְבִיאֶךָ, וְקָרָא זֶה אֶל זֶה וְאָמַר:

Na'aritzecha veNak'dish'cha. kesod si'ach sarfei kodesh hamakdishim shimcha bakodesh, kakatuv al yad nevi'echa, vekara zeh el zeh ve'amar:

קָדוֹשׁ, קָדוֹשׁ, קָדוֹשׁ, יְיָ צְבָאוֹת,
מְלֹא כָל הָאָרֶץ כְּבוֹדוֹ.

Kadosh, kadosh, kadosh, adonai tz'va'ot, m'lo chol ha'aretz k'vodo.

כְּבוֹדוֹ מָלֵא עוֹלָם, מְשָׁרְתָיו שׁוֹאֲלִים זֶה לָזֶה, אַיֵּה מְקוֹם כְּבוֹדוֹ, לְעֻמָּתָם בָּרוּךְ יֹאמֵרוּ:

Kevodo maleh olam, meshartav sho'alim zeh lazeh, ayeh mekom kevodo, l'umatam baruch yomeiru:

בָּרוּךְ כְּבוֹד יְיָ מִמְּקוֹמוֹ.

Baruch k'vod adonai mim'komo.

[a translation of the *Kedusha* is found on page 157 in Siddur Sim Shalom.]

page 115

(*the page number in Siddur Sim Shalom for Shabbat and Festivals appears directly below this line*)

Page 157 continued

The following is recited only when the Amidah is being during communal recitation or repetition, not read quietly by an individual:

מִמְּקוֹמוֹ הוּא יִפֶן בְּרַחֲמִים, וְיָחֹן עַם הַמְיַחֲדִים שְׁמוֹ עֶרֶב וָבֹקֶר בְּכָל יוֹם תָּמִיד, פַּעֲמַיִם בְּאַהֲבָה שְׁמַע אוֹמְרִים:

Mim'komo, hu yifen berachamim, veyachon am ham'yachadim shemo, erev vavoker bechol yom tamid, pa'amayim be'ahavah, sh'ma omrim:

שְׁמַע יִשְׂרָאֵל, יְיָ אֱלֹהֵינוּ, יְיָ אֶחָד.
Sh'ma Yisrael, Adonai Eloheinu, Adonai Echad.

הוּא אֱלֹהֵינוּ, הוּא אָבִינוּ, הוּא מַלְכֵּנוּ, הוּא מוֹשִׁיעֵנוּ, וְהוּא יַשְׁמִיעֵנוּ בְּרַחֲמָיו שֵׁנִית לְעֵינֵי כָּל חָי, לִהְיוֹת לָכֶם לֵאלֹהִים. **אֲנִי יְיָ אֱלֹהֵיכֶם.**

Hu Eloheinu, Hu Avinu, Hu Malkeinu, Hu Moshi'einu, vehu yashmi'einu berachamav sheinit le'einei kol chai, lihyot lachem l'Eilohim. **Ani Adonai Eloheichem.**

וּבְדִבְרֵי קָדְשְׁךָ כָּתוּב לֵאמֹר:
uVedirei kodshecha katuv leimor:

יִמְלֹךְ יְיָ לְעוֹלָם, אֱלֹהַיִךְ צִיּוֹן, לְדֹר וָדֹר, הַלְלוּיָהּ.
Yimloch adonai l'olam, elohayich tziyon, l'dor vador, HaleluYah.

page 116
(the page number in Siddur Sim Shalom for Shabbat and Festivals appears directly below this line)

Page 157 continued

The following is recited only when the Amidah is being during communal recitation or repetition, not read quietly by an individual:

לְדוֹר וָדוֹר נַגִּיד גָּדְלֶךָ, וּלְנֵצַח נְצָחִים קְדֻשָּׁתְךָ נַקְדִּישׁ, וְשִׁבְחֲךָ, אֱלֹהֵינוּ, מִפִּינוּ לֹא יָמוּשׁ לְעוֹלָם וָעֶד, כִּי אֵל מֶלֶךְ גָּדוֹל וְקָדוֹשׁ אָתָּה. *בָּרוּךְ אַתָּה יְיָ, הָאֵל הַקָּדוֹשׁ.

L'dor vador nagid god'lecha, ul'neitzach n'tzachim k'dushat'cha nakdish, v'shivchacha, Eloheinu, mipinu lo yamush l'olam va'ed, ki eil melech gadol v'kadosh atah. *Baruch atah Adonai, ha'eil hakadosh.

---

* *on the Shabbat between Rosh haShannah and Yom Kippur, the closing blessing is:*

בָּרוּךְ אַתָּה יְיָ, הַמֶּלֶךְ הַקָּדוֹשׁ.

Baruch Atah Adonai, HaMelech haKadosh.

page 117
(the page number in Siddur Sim Shalom for Shabbat and Festivals appears directly below this line)

Page 158

תִּכַּנְתָּ שַׁבָּת, רָצִיתָ קָרְבְּנוֹתֶיהָ, צִוִּיתָ פֵּרוּשֶׁיהָ עִם סִדּוּרֵי
נְסָכֶיהָ. מְעַנְּגֶיהָ לְעוֹלָם כָּבוֹד יִנְחָלוּ, טוֹעֲמֶיהָ חַיִּים זָכוּ,
וְגַם הָאוֹהֲבִים דְּבָרֶיהָ גְּדֻלָּה בָּחָרוּ, אָז מִסִּינַי נִצְטַוּוּ
עָלֶיהָ. וַתְּצַוֵּנוּ, יְיָ אֱלֹהֵינוּ, לְהַקְרִיב בָּהּ קָרְבַּן מוּסַף שַׁבָּת
כָּרָאוּי.

Tikanta Shabbat, ratzita korbenoteha, tzivita peirusheha im sidurei n'sacheha. Me'angeha le'olam kavod yincholu, toameha chayim zachu, v'gam ha'ohavim devareha g'dulah bacharu, az misinai nitztavu aleha. Vatetzaveinu, Adonai Eloheinu, leHakriv bah korban musaf Shabbat karauy.

יְהִי רָצוֹן מִלְּפָנֶיךָ, יְיָ אֱלֹהֵינוּ וֵאלֹהֵי אֲבוֹתֵינוּ, שֶׁתַּעֲלֵנוּ
בְשִׂמְחָה לְאַרְצֵנוּ, וְתִטָּעֵנוּ בִּגְבוּלֵנוּ, שֶׁשָּׁם עָשׂוּ לְפָנֶיךָ
אֶת קָרְבְּנוֹת חוֹבוֹתֵינוּ, תְּמִידִים כְּסִדְרָם וּמוּסָפִים
כְּהִלְכָתָם. וְאֶת מוּסַף יוֹם הַשַּׁבָּת הַזֶּה, עָשׂוּ וְהִקְרִיבוּ
לְפָנֶיךָ בְּאַהֲבָה, כְּמִצְוַת רְצוֹנֶךָ, כְּמוֹ שֶׁכָּתַבְתָּ עָלֵינוּ
בְּתוֹרָתֶךָ, עַל יְדֵי מֹשֶׁה עַבְדֶּךָ, מִפִּי כְבוֹדֶךָ, כָּאָמוּר:

Y'hi ratzon mil'fanecha, Adonai Eloheinu v'Elohei avoteinu, sheta'aleinu v'simchah l'artzeinu, v'tita'einu bigvuleinu, v'sham asu l'fanecha et korb'not chovoteinu, t'midim k'sidram umusafim k'hilchatam. V'et musaf yom haShabbat hazeh, asu vehikrivu l'fanecha b'ahavah, k'mitzvat r'tzonecha, k'mo shekatavta aleinu b'toratecha, al y'dei mosheh avdecha, mipi ch'vodecha, ka'amur:

Shabbat is an ancient gift, commanded at Sinai, full of bliss and offerings.

---

page 118

(the page number in Siddur Sim Shalom for Shabbat and Festivals appears directly below this line)

Page 158 continued

וּבְיוֹם הַשַּׁבָּת, שְׁנֵי כְבָשִׂים בְּנֵי שָׁנָה תְּמִימִם, וּשְׁנֵי עֶשְׂרֹנִים סֹלֶת מִנְחָה בְּלוּלָה בַשֶּׁמֶן וְנִסְכּוֹ. עֹלַת שַׁבַּת בְּשַׁבַּתּוֹ, עַל עֹלַת הַתָּמִיד וְנִסְכָּהּ.

Uv'yom haShabbat, sh'nei ch'vasim b'nei shanah t'mimim, ush'nei esronim solet minchah b'lulah vashemen v'nisko. Olat Shabbat b'Shabbato, al olat hatamid v'niskah.

page 119
(the page number in Siddur Sim Shalom for Shabbat and Festivals appears directly below this line)

Page 159

יִשְׂמְחוּ בְמַלְכוּתְךָ שׁוֹמְרֵי שַׁבָּת וְקוֹרְאֵי עֹנֶג, עַם מְקַדְּשֵׁי שְׁבִיעִי, כֻּלָּם יִשְׂבְּעוּ וְיִתְעַנְּגוּ מִטּוּבֶךָ, וּבַשְּׁבִיעִי רָצִיתָ בּוֹ וְקִדַּשְׁתּוֹ, חֶמְדַּת יָמִים אוֹתוֹ קָרָאתָ, זֵכֶר לְמַעֲשֵׂה בְרֵאשִׁית.

Yismechu v'malchutecha shomrei Shabbat vekorei oneg, am mekad'shei sh'vii, kulam yisb'u v'yitan'gu mituvecha, uvashvii ratzita bo v'kidashto, chemdat yamim oto karata, zeicher l'ma'aseih v'reishit.

אֱלֹהֵינוּ וֵאלֹהֵי אֲבוֹתֵינוּ, רְצֵה בִמְנוּחָתֵנוּ, קַדְּשֵׁנוּ בְּמִצְוֹתֶיךָ, וְתֵן חֶלְקֵנוּ בְּתוֹרָתֶךָ, שַׂבְּעֵנוּ מִטּוּבֶךָ, וְשַׂמְּחֵנוּ בִּישׁוּעָתֶךָ, וְטַהֵר לִבֵּנוּ לְעָבְדְּךָ בֶּאֱמֶת, וְהַנְחִילֵנוּ יְיָ אֱלֹהֵינוּ בְּאַהֲבָה וּבְרָצוֹן שַׁבַּת קָדְשֶׁךָ, וְיָנוּחוּ בוֹ יִשְׂרָאֵל מְקַדְּשֵׁי שְׁמֶךָ. בָּרוּךְ אַתָּה יְיָ, מְקַדֵּשׁ הַשַּׁבָּת.

Eloheinu v'Elohei avoteinu, r'tzeih vimnuchateinu, kad'sheinu b'mitzvotecha, v'tein chelkeinu b'toratecha, sab'einu mituvecha, v'sam'cheinu bishuatecha, v'taheir libeinu l'ovd'cha be'emet, v'hanchileinu Adonai Eloheinu b'ahavah uv'ratzon Shabbat kod'shecha, v'yanuchu vo yisra'eil m'kad'shei sh'mecha. Baruch atah Adonai, m'kadeish haShabbat.

Shabbat is a delight for people and for God. May we experience it forever! God, make our portion a sacred one, satisfied by Your Goodness. Purify our hearts to serve You in purity, love, and clarity. Blessed are You, Adonai, Who sanctifies Shabbat.

page 120
(the page number in Siddur Sim Shalom for Shabbat and Festivals appears directly below this line)

Page 159 continued

רְצֵה, יְיָ אֱלֹהֵינוּ, בְּעַמְּךָ יִשְׂרָאֵל וּבִתְפִלָּתָם, וְהָשֵׁב אֶת הָעֲבוֹדָה לִדְבִיר בֵּיתֶךָ, וּתְפִלָּתָם בְּאַהֲבָה תְקַבֵּל בְּרָצוֹן, וּתְהִי לְרָצוֹן תָּמִיד עֲבוֹדַת יִשְׂרָאֵל עַמֶּךָ.

R'tzeih, Adonai Eloheinu, b'am'cha yisra'eil uvitfilatam, v'hasheiv et ha'avodah lidvir beitecha, ut'filatam b'ahavah t'kabeil b'ratzon, ut'hi l'ratzon tamid avodat yisra'eil amecha.

O God, desire the gifts we offer, take them to Your innermost place, as an ongoing offering of the People Israel.

Page 159 continued

> Bend knees on "baruch", bow on "atah", straighten at "Adonai".

וְתֶחֱזֶינָה עֵינֵינוּ בְּשׁוּבְךָ לְצִיּוֹן בְּרַחֲמִים. בָּרוּךְ אַתָּה יְיָ, הַמַּחֲזִיר שְׁכִינָתוֹ לְצִיּוֹן.

V'techezenah eineinu b'shuv'cha l'tziyon b'rachamim. Baruch atah Adonai, hamachazir sh'chinato l'tziyon.

*מוֹדִים אֲנַחְנוּ לָךְ, שָׁאַתָּה הוּא, יְיָ אֱלֹהֵינוּ וֵאלֹהֵי אֲבוֹתֵינוּ, לְעוֹלָם וָעֶד, צוּר חַיֵּינוּ, מָגֵן יִשְׁעֵנוּ, אַתָּה הוּא לְדוֹר וָדוֹר, נוֹדֶה לְּךָ וּנְסַפֵּר תְּהִלָּתֶךָ, עַל חַיֵּינוּ הַמְּסוּרִים בְּיָדֶךָ, וְעַל נִשְׁמוֹתֵינוּ הַפְּקוּדוֹת לָךְ, וְעַל נִסֶּיךָ שֶׁבְּכָל יוֹם עִמָּנוּ, וְעַל נִפְלְאוֹתֶיךָ וְטוֹבוֹתֶיךָ שֶׁבְּכָל עֵת, עֶרֶב וָבֹקֶר וְצָהֳרָיִם, הַטּוֹב, כִּי לֹא כָלוּ רַחֲמֶיךָ, וְהַמְרַחֵם, כִּי לֹא תַמּוּ חֲסָדֶיךָ, מֵעוֹלָם קִוִּינוּ לָךְ.

*Modim anachnu lach sha'atah hu, Adonai Eloheinu v'Elohei avoteinu, l'olam va'ed, tzur chayeinu, magein yisheinu, atah hu l'dor vador, nodeh l'cha un'sapeir t'hilatecha, al chayeinu ham'surim b'yadecha, v'al nishmoteinu hap'kudot lach, v'al nisecha sheb'chol yom imanu, v'al nifl'otecha v'tovotecha sheb'chol eit, erev vavoker v'tzahorayim, hatov, ki lo chalu rachamecha, v'hamracheim, ki lo tamu chasadecha, meiolam kivinu lach.

> *see the following page for the "Modim" paragraph recited by individuals during the repetition of the Amidah.

Page 159 continued

The following paragraph is recited by the congregation during the repetition of the Amidah.

מוֹדִים אֲנַֽחְנוּ לָךְ, שָׁאַתָּה הוּא יְיָ אֱלֹהֵֽינוּ וֵאלֹהֵי אֲבוֹתֵֽינוּ, אֱלֹהֵי כָל בָּשָׂר, יוֹצְרֵֽנוּ, יוֹצֵר בְּרֵאשִׁית. בְּרָכוֹת וְהוֹדָאוֹת לְשִׁמְךָ הַגָּדוֹל וְהַקָּדוֹשׁ, עַל שֶׁהֶחֱיִיתָֽנוּ וְקִיַּמְתָּֽנוּ. כֵּן תְּחַיֵּֽנוּ וּתְקַיְּמֵֽנוּ, וְתֶאֱסוֹף גָּלֻיּוֹתֵֽינוּ לְחַצְרוֹת קָדְשֶֽׁךָ, לִשְׁמוֹר חֻקֶּֽיךָ וְלַעֲשׂוֹת רְצוֹנֶֽךָ, וּלְעָבְדְּךָ בְּלֵבָב שָׁלֵם, עַל שֶׁאֲנַֽחְנוּ מוֹדִים לָךְ. בָּרוּךְ אֵל הַהוֹדָאוֹת.

Modim anachnu lach, sha‘atah hu Adonai Eloheinu v’Elohei avoteinu, Elohei chol basar, yotz‘reinu, yotzeir b‘reishit. B‘rachot v‘hoda‘ot l‘shimcha hagadol v‘hakadosh, al shehecheyitanu v‘kiyamtanu. Kein t‘chayeinu ut‘kay‘meinu, v‘te‘esof galuyoteinu l‘chatzrot kad‘shecha, lishmor chukecha v‘la‘asot r‘tzonecha, ul‘avd‘cha b‘leivav shaleim, al she‘anachnu modim lach. Baruch eil hahoda‘ot.

We are grateful to You, God of all flesh, that we are alive. Sustain us, so that we might continue our heartfelt gratitude to You.

page 123

(*the page number in Siddur Sim Shalom for Shabbat and Festivals appears directly below this line*)

Page 160

This page is recited on Channukah

עַל הַנִּסִּים, וְעַל הַפֻּרְקָן, וְעַל הַגְּבוּרוֹת, וְעַל הַתְּשׁוּעוֹת, וְעַל הַמִּלְחָמוֹת, שֶׁעָשִׂיתָ לַאֲבוֹתֵינוּ בַּיָּמִים הָהֵם בַּזְּמַן הַזֶּה.

Al hanisim, v'al hapurkan, v'al hag'vurot, v'al hat'shuot, v'al hamilchamot, she'asita la'avoteinu bayamim haheim baz'man hazeh.

בִּימֵי מַתִּתְיָהוּ בֶּן יוֹחָנָן כֹּהֵן גָּדוֹל, חַשְׁמוֹנָאִי וּבָנָיו, כְּשֶׁעָמְדָה מַלְכוּת יָוָן הָרְשָׁעָה עַל עַמְּךָ יִשְׂרָאֵל לְהַשְׁכִּיחָם תּוֹרָתֶךָ, וּלְהַעֲבִירָם מֵחֻקֵּי רְצוֹנֶךָ, וְאַתָּה בְּרַחֲמֶיךָ הָרַבִּים עָמַדְתָּ לָהֶם בְּעֵת צָרָתָם, רַבְתָּ אֶת רִיבָם, דַּנְתָּ אֶת דִּינָם, נָקַמְתָּ אֶת נִקְמָתָם, מָסַרְתָּ גִּבּוֹרִים בְּיַד חַלָּשִׁים, וְרַבִּים בְּיַד מְעַטִּים, וּטְמֵאִים בְּיַד טְהוֹרִים, וּרְשָׁעִים בְּיַד צַדִּיקִים, וְזֵדִים בְּיַד עוֹסְקֵי תוֹרָתֶךָ. וּלְךָ עָשִׂיתָ שֵׁם גָּדוֹל וְקָדוֹשׁ בְּעוֹלָמֶךָ, וּלְעַמְּךָ יִשְׂרָאֵל עָשִׂיתָ תְּשׁוּעָה גְדוֹלָה וּפֻרְקָן כְּהַיּוֹם הַזֶּה. וְאַחַר כֵּן בָּאוּ בָנֶיךָ לִדְבִיר בֵּיתֶךָ, וּפִנּוּ אֶת הֵיכָלֶךָ, וְטִהֲרוּ אֶת מִקְדָּשֶׁךָ, וְהִדְלִיקוּ נֵרוֹת בְּחַצְרוֹת קָדְשֶׁךָ, וְקָבְעוּ שְׁמוֹנַת יְמֵי חֲנֻכָּה אֵלּוּ, לְהוֹדוֹת וּלְהַלֵּל לְשִׁמְךָ הַגָּדוֹל.

Bimei Matityahu ben Yochanan kohein gadol chashmonai uvanav, k'she'am'dah malchut yavan har'sha'ah al am'cha yisra'eil, l'hashkicham toratecha, ul'ha'aviram meichukei r'tzonecha. v'atah b'rachamecha harabim, amadta lahem b'eit tzaratam, ravta et rivam, danta et dinam, nakamta et nikmatam. masarta giborim b'yad chalashim, v'rabim b'yad m'atim, ut'meiim b'yad t'horim, ursha'im b'yad tzadikim, v'zeidim b'yad os'kei toratecha, ul'cha asita sheim gadol v'kadosh b'olamecha, ul'am'cha yisra'eil asita t'shuah g'dolah ufurkan k'hayom hazeh. v'achar kein bau vanecha lidvir veitecha, ufinu et heichalecha, v'tiharu et mikdashecha, v'hidliku neirot b'chatzrot kod'shecha, v'kav'u sh'monat y'mei chanukah eilu, l'hodot ul'haleil l'shimcha hagadol.

page 124
(the page number in Siddur Sim Shalom for Shabbat and Festivals appears directly below this line)

Page 160 continued

וְעַל כֻּלָּם יִתְבָּרַךְ וְיִתְרוֹמַם שִׁמְךָ מַלְכֵּנוּ תָּמִיד לְעוֹלָם וָעֶד.

V'al kulam yitbarach v'yitromam shimcha malkeinu tamid l'olam va'ed.

For all these gifts we will praise Your Holy name for all time.

The following is said only on the Shabbat between Rosh haShannah and Yom Kippur

וּכְתוֹב לְחַיִּים טוֹבִים כָּל בְּנֵי בְרִיתֶךָ.

Uch'tov l'chayim tovim kol b'nei v'ritecha.

וְכֹל הַחַיִּים יוֹדוּךָ סֶּלָה, וִיהַלְלוּ אֶת שִׁמְךָ בֶּאֱמֶת, הָאֵל יְשׁוּעָתֵנוּ וְעֶזְרָתֵנוּ סֶּלָה.

V'chol hachayim yoducha selah, vihalelu et shimcha be'emet, ha'eil y'shuateinu v'ezrateinu selah.

All that lives thanks you and, with integrity, sings Your praise.

Bend knees on "baruch", bow on "atah", straighten at "Adonai".

בָּרוּךְ אַתָּה יְיָ, הַטּוֹב שִׁמְךָ וּלְךָ נָאֶה לְהוֹדוֹת.

Baruch atah Adonai, hatov shimcha ul'cha na'eh l'hodot.

Blessed are You, Adonai, the Good!

(the page number in Siddur Sim Shalom for Shabbat and Festivals appears directly below this line)

Page 160 continued

The following is recited only by the leader when the Amidah is being during communal recitation or repetition, not read quietly by an individual:

אֱלֹהֵינוּ וֵאלֹהֵי אֲבוֹתֵינוּ, בָּרְכֵנוּ בַבְּרָכָה הַמְשֻׁלֶּשֶׁת בַּתּוֹרָה הַכְּתוּבָה עַל יְדֵי מֹשֶׁה עַבְדֶּךָ, הָאֲמוּרָה מִפִּי אַהֲרֹן וּבָנָיו כֹּהֲנִים, עַם קְדוֹשֶׁךָ, כָּאָמוּר.

Eloheinu v'Elohei avoteinu, bar'cheinu vab'rachah hamshuleshet baTorah hak'tuvah al y'dei mosheh avdecha, ha'amurah mipi aharon uvanav kohanim, am k'doshecha, ka'amur.

יְבָרֶכְךָ יְיָ וְיִשְׁמְרֶךָ.

(כֵּן יְהִי רָצוֹן)

יָאֵר יְיָ פָּנָיו אֵלֶיךָ וִיחֻנֶּךָּ.

(כֵּן יְהִי רָצוֹן)

יִשָּׂא יְיָ פָּנָיו אֵלֶיךָ וְיָשֵׂם לְךָ שָׁלוֹם.

(כֵּן יְהִי רָצוֹן)

Y'varechcha Adonai v'yishm'recha.
(**Cong:** Kein y'hi ratzon)
Ya'eir Adonai panav eilecha vichuneka.
(**Cong:** Kein y'hi ratzon)
Yisa Adonai panav eilecha v'yaseim l'cha shalom.
(**Cong:** Kein y'hi ratzon)

May we be blessed with the holy blessing of Aaron and his descendents: May Adonai bless you and protect you. May Adonai's face shine upon you and show you love. May Adonai bless you with Peace.

(the page number in Siddur Sim Shalom for Shabbat and Festivals appears directly below this line)

Page 161

שִׂים שָׁלוֹם בָּעוֹלָם, טוֹבָה וּבְרָכָה, חֵן וָחֶסֶד וְרַחֲמִים, עָלֵינוּ וְעַל כָּל יִשְׂרָאֵל עַמֶּךָ. בָּרְכֵנוּ, אָבִינוּ, כֻּלָּנוּ כְּאֶחָד בְּאוֹר פָּנֶיךָ, כִּי בְאוֹר פָּנֶיךָ נָתַתָּ לָּנוּ, יְיָ אֱלֹהֵינוּ, תּוֹרַת חַיִּים וְאַהֲבַת חֶסֶד, וּצְדָקָה וּבְרָכָה וְרַחֲמִים וְחַיִּים וְשָׁלוֹם, וְטוֹב בְּעֵינֶיךָ לְבָרֵךְ אֶת עַמְּךָ יִשְׂרָאֵל בְּכָל עֵת וּבְכָל שָׁעָה בִּשְׁלוֹמֶךָ.

Sim shalom ba'Olam, tovah uv'rachah, chein vachesed v'rachamim, aleinu v'al kol yisra'eil amecha. Bar'cheinu, avinu, kulanu k'echad b'or panecha, ki v'or panecha natata lanu, Adonai Eloheinu, torat chayim v'ahavat chesed, utz'dakah uv'rachah v'rachamim v'chayim v'shalom, v'tov b'einecha l'vareich et am'cha yisra'eil b'chol eit uv'chol sha'ah bishlomecha.

The following is said only on the Shabbat between Rosh haShannah and Yom Kippur

בְּסֵפֶר חַיִּים, בְּרָכָה וְשָׁלוֹם, וּפַרְנָסָה טוֹבָה, נִזָּכֵר וְנִכָּתֵב לְפָנֶיךָ, אֲנַחְנוּ וְכָל עַמְּךָ בֵּית יִשְׂרָאֵל, לְחַיִּים טוֹבִים וּלְשָׁלוֹם.

B'seifer chayim, b'rachah, v'shalom, ufarnasah tovah, nizacheir v'nikateiv l'fanecha, anachnu v'chol am'cha beit yisra'eil, l'chayim tovim ul'shalom.

בָּרוּךְ אַתָּה יְיָ, הַמְבָרֵךְ אֶת עַמּוֹ יִשְׂרָאֵל בַּשָּׁלוֹם.

Baruch atah Adonai, hamvareich et amo yisra'eil bashalom.

More than anything else, may the world be blessed by Peace.

(the page number in Siddur Sim Shalom for Shabbat and Festivals appears directly below this line)

Page 161 continued

אֱלֹהַי, נְצוֹר לְשׁוֹנִי מֵרָע, וּשְׂפָתַי מִדַּבֵּר מִרְמָה, וְלִמְקַלְלַי נַפְשִׁי תִדֹּם, וְנַפְשִׁי כֶּעָפָר לַכֹּל תִּהְיֶה. פְּתַח לִבִּי בְּתוֹרָתֶךָ, וּבְמִצְוֹתֶיךָ תִּרְדּוֹף נַפְשִׁי. וְכָל הַחוֹשְׁבִים עָלַי רָעָה, מְהֵרָה הָפֵר עֲצָתָם וְקַלְקֵל מַחֲשַׁבְתָּם. עֲשֵׂה לְמַעַן שְׁמֶךָ, עֲשֵׂה לְמַעַן יְמִינֶךָ, עֲשֵׂה לְמַעַן קְדֻשָּׁתֶךָ, עֲשֵׂה לְמַעַן תּוֹרָתֶךָ. לְמַעַן יֵחָלְצוּן יְדִידֶיךָ, הוֹשִׁיעָה יְמִינְךָ וַעֲנֵנִי. יִהְיוּ לְרָצוֹן אִמְרֵי פִי וְהֶגְיוֹן לִבִּי לְפָנֶיךָ, יְיָ צוּרִי וְגוֹאֲלִי. עֹשֶׂה שָׁלוֹם בִּמְרוֹמָיו, הוּא יַעֲשֶׂה שָׁלוֹם עָלֵינוּ, וְעַל כָּל יִשְׂרָאֵל, וְאִמְרוּ אָמֵן.

Elohai, n'tzor l'shoni meira, us'fatai midabeir mirmah, v'limkal'lai nafshi tidom, v'nafshi ke'afar lakol tihyeh. P'tach libi b'toratecha, uv'mitzvatecha tirdof nafshi. V'chol hachosh'vim alai ra'ah, m'heirah hafeir atzatam v'kalkeil machashavtam. Aseih l'ma'an sh'mecha, aseih l'ma'an y'minecha, aseih l'ma'an k'dushatecha, aseih l'ma'an toratecha. L'ma'an yeichal'tzun y'didecha, hoshi'ah y'min'cha va'aneini. Yihyu l'ratzon imrei fi v'hegyon libi l'fanecha, Adonai tzuri v'goali. Oseh shalom bimromav, hu ya'aseh shalom aleinu, v'al kol yisra'eil, v'imru amein.

My God, keep my tongue from evil, my lips from lies. Help me ignore those who would slander me. Let me be humble before all. Open my heart to Your Torah that I may pursue Your mitzvot. Frustrate the designs of those who plot evil against me; make nothing of their schemes. Act for the sake of Your compassion, Your power, Your holiness, and Your Torah. Answer my prayer for the deliverance of Your people. May the words of my mouth and the meditations of my heart be pleasing to You, Adonai, my Rock and my Redeemer. May the One who brings peace to the universe bring peace to us and to all the people Israel. Amen.

Full Kaddish (Kaddish Shalem) Page 181

יִתְגַּדַּל וְיִתְקַדַּשׁ שְׁמֵהּ רַבָּא. בְּעָלְמָא דִּי בְרָא כִרְעוּתֵהּ, וְיַמְלִיךְ מַלְכוּתֵהּ בְּחַיֵּיכוֹן וּבְיוֹמֵיכוֹן וּבְחַיֵּי דְכָל בֵּית יִשְׂרָאֵל, בַּעֲגָלָא וּבִזְמַן קָרִיב, וְאִמְרוּ אָמֵן.

Yitgadal v'yitkadash sh'meih raba. B'al'ma di v'ra chiruteih, v'yamlich malchuteih b'chayeichon uv'yomeichon uv'chayei d'chol beit yisra'eil, ba'agala uvizman kariv, v'imru amein.

יְהֵא שְׁמֵהּ רַבָּא מְבָרַךְ לְעָלַם וּלְעָלְמֵי עָלְמַיָּא.

Y'hei sh'meih raba m'varach l'alam ul'al'mei al'maya.

יִתְבָּרַךְ וְיִשְׁתַּבַּח וְיִתְפָּאַר וְיִתְרוֹמַם וְיִתְנַשֵּׂא וְיִתְהַדָּר וְיִתְעַלֶּה וְיִתְהַלָּל שְׁמֵהּ דְּקֻדְשָׁא בְּרִיךְ הוּא, לְעֵלָּא מִן כָּל (לְעֵלָּא לְעֵלָּא מִכָּל) בִּרְכָתָא וְשִׁירָתָא תֻּשְׁבְּחָתָא וְנֶחֱמָתָא, דַּאֲמִירָן בְּעָלְמָא, וְאִמְרוּ אָמֵן.

Yitbarach v'yishtabach v'yitpa'ar v'yitromam v'yitnasei v'yithadar v'yitaleh v'yithalal sh'meih d'kudsha b'rich hu, l'eila min kol (*on Shabbat Shuvah*: l'eila l'eila mikol) birchata v'shirata tushb'chata v'nechemata, da'amiran b'al'ma, v'imru amein.

Page 181 continued

תִּתְקַבֵּל צְלוֹתְהוֹן
וּבָעוּתְהוֹן דְּכָל יִשְׂרָאֵל
קֳדָם אֲבוּהוֹן דִּי בִשְׁמַיָּא
וְאִמְרוּ אָמֵן.

Titkabel Tzelot'hon uva'ut'hon dechol Yisrael, kodahm avuhon di vish'maya, ve'imru amen.

יְהֵא שְׁלָמָא רַבָּא מִן
שְׁמַיָּא, וְחַיִּים עָלֵינוּ וְעַל
כָּל יִשְׂרָאֵל, וְאִמְרוּ אָמֵן.

Y'hei sh'lama raba min sh'maya, v'chayim aleinu v'al kol yisra'eil, v'imru amein.

עֹשֶׂה שָׁלוֹם בִּמְרוֹמָיו,
הוּא יַעֲשֶׂה שָׁלוֹם עָלֵינוּ
וְעַל כָּל יִשְׂרָאֵל, ועל כל
יושבי תבל, וְאִמְרוּ אָמֵן.

Oseh shalom bimromav, hu ya'aseh shalom aleinu v'al kol yisra'eil, ve'al kol yoshvei tevel, v'imru amein.

[a translation of *Full Kaddish* is found on page 181 in Siddur Sim Shalom.]

Ein Keloheynu (with Ladino) **Page 182**

אֵין כֵּאלֹהֵֽינוּ,	**Ein** Keloheynu,
אֵין כַּאדוֹנֵֽינוּ,	Ein Kadonenu,
אֵין כְּמַלְכֵּֽנוּ,	Ein K'malkaynu,
אֵין כְּמוֹשִׁיעֵֽנוּ.	Ein K'moshiyenu;

Non komo muestro Dyo, non komo muestro Senyor, Non komo muestro Rey, non komo muestro Salvador.

מִי כֵאלֹהֵֽינוּ,	**Mi** Keloheynu,
מִי כַאדוֹנֵֽינוּ,	Mi Kadonenu,
מִי כְמַלְכֵּֽנוּ,	Mi K'malkaynu,
מִי כְמוֹשִׁיעֵֽנוּ.	Mi K'moshiyenu;

Ken komo muestro Dyo, ken komo muestro Senyor, Ken komo muestro Rey, ken komo muestro Salvador.

נוֹדֶה לֵאלֹהֵֽינוּ,	**Nodeh** L'eloheynu,
נוֹדֶה לַאדוֹנֵֽינוּ,	Nodeh L'adonenu
נוֹדֶה לְמַלְכֵּֽנוּ,	Nodeh L'malkaynu,
נוֹדֶה לְמוֹשִׁיעֵֽנוּ.	Nodeh L'moshiyenu;

Loaremos a muestro Dyo, Loaremos a muestro Senyor, Loaremos a muestro Rey, Loaremos a muestro Salvador.

None compares to God! Who could compare to God? We thank You God! ...

(the page number in Siddur Sim Shalom for Shabbat and Festivals appears directly below this line)

Page 182 continued

בָּרוּךְ אֱלֹהֵינוּ, **Baruch** Eloheynu,
בָּרוּךְ אֲדוֹנֵינוּ, Baruch Adonenu,
בָּרוּךְ מַלְכֵּנוּ, Baruch Malkaynu,
בָּרוּךְ מוֹשִׁיעֵנוּ. Baruch Moshiyenu;

Bendicho muestro Dyo, Bendicho muestro Senyor, Bendicho muestro Rey, Bendicho muestro Salvador.

אַתָּה הוּא אֱלֹהֵינוּ, Atta Hu Eloheynu,
אַתָּה הוּא אֲדוֹנֵינוּ, Atta Hu Adonenu,
אַתָּה הוּא מַלְכֵּנוּ, Atta Hu Malkaynu,
אַתָּה הוּא מוֹשִׁיעֵנוּ. Atta Hu Moshiyenu;

Tu sos muestro Dyo, Tu sos muestro Senyor. Tu sos muestro Rey, Tu sos muestro Salvador.

אַתָּה הוּא שֶׁהִקְטִירוּ אֲבוֹתֵינוּ לְפָנֶיךָ אֶת קְטֹרֶת הַסַּמִּים.

Atah hu she'hiktiru Avoteinu lefanecha et ketoret hasamim.

Bless God, the One to Whom we once offered sweet incense!

Aleinu **Page 183**

עָלֵינוּ לְשַׁבֵּחַ לַאֲדוֹן הַכֹּל, לָתֵת גְּדֻלָּה לְיוֹצֵר בְּרֵאשִׁית, שֶׁלֹּא עָשָׂנוּ כְּגוֹיֵי הָאֲרָצוֹת, וְלֹא שָׂמָנוּ כְּמִשְׁפְּחוֹת הָאֲדָמָה, שֶׁלֹּא שָׂם חֶלְקֵנוּ כָּהֶם, וְגֹרָלֵנוּ כְּכָל הֲמוֹנָם. וַאֲנַחְנוּ כּוֹרְעִים וּמִשְׁתַּחֲוִים וּמוֹדִים, לִפְנֵי מֶלֶךְ מַלְכֵי הַמְּלָכִים, הַקָּדוֹשׁ בָּרוּךְ הוּא. שֶׁהוּא נוֹטֶה שָׁמַיִם וְיֹסֵד אָרֶץ, וּמוֹשַׁב יְקָרוֹ בַּשָּׁמַיִם מִמַּעַל, וּשְׁכִינַת עֻזּוֹ בְּגָבְהֵי מְרוֹמִים, הוּא אֱלֹהֵינוּ אֵין עוֹד. אֱמֶת מַלְכֵּנוּ, אֶפֶס זוּלָתוֹ, כַּכָּתוּב בְּתוֹרָתוֹ: וְיָדַעְתָּ הַיּוֹם וַהֲשֵׁבֹתָ אֶל לְבָבֶךָ, כִּי יְיָ הוּא הָאֱלֹהִים בַּשָּׁמַיִם מִמַּעַל, וְעַל הָאָרֶץ מִתָּחַת, אֵין עוֹד.

Aleinu l'shabei'ach la'adon hakol, lateit g'dulah l'yotzeir b'reishit, shelo asanu k'goyei ha'aratzot, v'lo samanu k'mishp'chot ha'adamah, shelo sam chelkeinu kahem, v'goraleinu k'chol hamonam. va'anachnu kor'im umishtachavim umodim, lifnei melech malchei ham'lachim, hakadosh baruch hu. Shehu noteh shamayim v'yoseid aretz, umoshav y'karo bashamayim mima'al, ush'chinat uzo b'gav'hei m'romim, hu Eloheinu ein od. Emet malkeinu, efes zulato, kakatuv b'torato: V'yadata Hayom vahasheivota el l'vavecha, ki Adonai hu ha'elohim bashamam mima'al, v'al ha'aretz mitachat, ein od.

We rise to praise You, Source of All, Your generous work, Creator of All. You made us One with all of life. You inspired us to share with all mankind. You linked our fate with all that lives and made our portion with all in the world. We consider You sacred and blessed. We stand amazed at the vault of the sky, at the firmness of Earth. You, Enthroned in the Highest realms, dwell also in and with us. You are our God. There is nothing else. Existence is nothing but You.

(the page number in Siddur Sim Shalom for Shabbat and Festivals appears directly below this line)

Page 183 continued

עַל כֵּן נְקַוֶּה לְּךָ יְיָ אֱלֹהֵינוּ, לִרְאוֹת מְהֵרָה בְּתִפְאֶרֶת עֻזֶּךָ, לְהַעֲבִיר גִּלּוּלִים מִן הָאָרֶץ, וְהָאֱלִילִים כָּרוֹת יִכָּרֵתוּן, לְתַקֵּן עוֹלָם בְּמַלְכוּת שַׁדַּי, וְכָל בְּנֵי בָשָׂר יִקְרְאוּ בִשְׁמֶךָ, לְהַפְנוֹת אֵלֶיךָ כָּל רִשְׁעֵי אָרֶץ. יַכִּירוּ וְיֵדְעוּ כָּל יוֹשְׁבֵי תֵבֵל, כִּי לְךָ תִּכְרַע כָּל בֶּרֶךְ, תִּשָּׁבַע כָּל לָשׁוֹן. לְפָנֶיךָ יְיָ אֱלֹהֵינוּ יִכְרְעוּ וְיִפֹּלוּ, וְלִכְבוֹד שִׁמְךָ יְקָר יִתֵּנוּ, וִיקַבְּלוּ כֻלָּם אֶת עוֹל מַלְכוּתֶךָ, וְתִמְלֹךְ עֲלֵיהֶם מְהֵרָה לְעוֹלָם וָעֶד. כִּי הַמַּלְכוּת שֶׁלְּךָ הִיא, וּלְעוֹלְמֵי עַד תִּמְלוֹךְ בְּכָבוֹד, כַּכָּתוּב בְּתוֹרָתֶךָ, יְיָ יִמְלֹךְ לְעוֹלָם וָעֶד. וְנֶאֱמַר, וְהָיָה יְיָ לְמֶלֶךְ עַל כָּל הָאָרֶץ, בַּיּוֹם הַהוּא יִהְיֶה יְיָ אֶחָד, וּשְׁמוֹ אֶחָד.

Al kein n'kaveh l'cha Adonai Eloheinu, lirot m'heirah b'tiferet uzecha, l'ha'avir gilulim min ha'aretz, v'ha'elilim karot yikareitun, l'takein olam b'malchut shadai, v'chol b'nei vasar yikr'u vishmecha, l'hafnot eilecha kol rishei aretz. Yakiru v'yeid'u kol yosh'vei teiveil, ki l'cha tichra kol berech, tishava kol lashon. L'fanecha Adonai Eloheinu yichr'u v'yipolu, v'lichvod shimcha y'kar yiteinu, vikab'lu chulam et ol malchutecha, v'timloch aleihem m'heirah l'olam va'ed. Ki hamalchut shel'cha hi, ul'ol'mei ad timloch b'chavod, kakatuv b'toratecha, Adonai yimloch l'olam va'ed. V'ne'emar, v'hayah Adonai l'melech al kol ha'aretz, bayom hahu yihyeh Adonai echad, ush'mo echad.

So Your Torah guides us; Adonai's kingdom extends throughout the cosmos. Further it is stated: Adonai will one day pervade all. On that Day, Adonai will be One. And Adonai's Name will be One.

(the page number in Siddur Sim Shalom for Shabbat and Festivals appears directly below this line)

Mourner's Kaddish

Page 184

יִתְגַּדַּל וְיִתְקַדַּשׁ שְׁמֵהּ רַבָּא. בְּעָלְמָא דִּי בְרָא כִרְעוּתֵהּ, וְיַמְלִיךְ מַלְכוּתֵהּ בְּחַיֵּיכוֹן וּבְיוֹמֵיכוֹן וּבְחַיֵּי דְכָל בֵּית יִשְׂרָאֵל, בַּעֲגָלָא וּבִזְמַן קָרִיב, וְאִמְרוּ אָמֵן.

Yitgadal v'yitkadash sh'meih raba. B'al'ma di v'ra chiruteih, v'yamlich malchuteih b'chayeichon uv'yomeichon uv'chayei d'chol beit yisra'eil, ba'agala uvizman kariv, v'imru amein.

יְהֵא שְׁמֵהּ רַבָּא מְבָרַךְ לְעָלַם וּלְעָלְמֵי עָלְמַיָּא.

Y'hei sh'meih raba m'varach l'alam ul'al'mei al'maya.

יִתְבָּרַךְ וְיִשְׁתַּבַּח וְיִתְפָּאַר וְיִתְרוֹמַם וְיִתְנַשֵּׂא וְיִתְהַדָּר וְיִתְעַלֶּה וְיִתְהַלָּל שְׁמֵהּ דְּקֻדְשָׁא בְּרִיךְ הוּא, לְעֵלָּא מִן כָּל (לְעֵלָּא לְעֵלָּא מִכָּל) בִּרְכָתָא וְשִׁירָתָא תֻּשְׁבְּחָתָא וְנֶחֱמָתָא, דַּאֲמִירָן בְּעָלְמָא, וְאִמְרוּ אָמֵן.

Yitbarach v'yishtabach v'yitpa'ar v'yitromam v'yitnasei v'yithadar v'yitaleh v'yithalal sh'meih d'kudsha b'rich hu, l'eila min kol (*on Shabbat Shuvah*: l'eila l'eila mikol) birchata v'shirata tushb'chata v'nechemata, da'amiran b'al'ma, v'imru amein.

Page 184 continued

יְהֵא שְׁלָמָא רַבָּא מִן
שְׁמַיָּא, וְחַיִּים עָלֵינוּ וְעַל
כָּל יִשְׂרָאֵל, וְאִמְרוּ אָמֵן.

Y'hei sh'lama raba min sh'maya, v'chayim aleinu v'al kol yisra'eil, v'imru amein.

עֹשֶׂה שָׁלוֹם בִּמְרוֹמָיו,
הוּא יַעֲשֶׂה שָׁלוֹם עָלֵינוּ
וְעַל כָּל יִשְׂרָאֵל, ועל כל
יושבי תבל, וְאִמְרוּ אָמֵן.

Oseh shalom bimromav, hu ya'aseh shalom aleinu v'al kol yisra'eil, ve'al kol yoshvei tevel, v'imru amein.

[a translation of *Mourner's Kaddish* is found on page 184 in Siddur Sim Shalom.]

(the page number in Siddur Sim Shalom for Shabbat and Festivals appears directly below this line)

Adon Olam

page 187

אֲדוֹן עוֹלָם אֲשֶׁר מָלַךְ,
בְּטֶרֶם כָּל יְצִיר נִבְרָא.
לְעֵת נַעֲשָׂה בְחֶפְצוֹ כֹּל,
אֲזַי מֶלֶךְ שְׁמוֹ נִקְרָא.
וְאַחֲרֵי כִּכְלוֹת הַכֹּל,
לְבַדּוֹ יִמְלוֹךְ נוֹרָא.
וְהוּא הָיָה, וְהוּא הֹוֶה,
וְהוּא יִהְיֶה, בְּתִפְאָרָה.
וְהוּא אֶחָד וְאֵין שֵׁנִי,
לְהַמְשִׁיל לוֹ לְהַחְבִּירָה.
בְּלִי רֵאשִׁית בְּלִי תַכְלִית,
וְלוֹ הָעֹז וְהַמִּשְׂרָה.
וְהוּא אֵלִי וְחַי גֹּאֲלִי,
וְצוּר חֶבְלִי בְּעֵת צָרָה.
וְהוּא נִסִּי וּמָנוֹס לִי,
מְנָת כּוֹסִי בְּיוֹם אֶקְרָא.
בְּיָדוֹ אַפְקִיד רוּחִי,
בְּעֵת אִישַׁן וְאָעִירָה.
וְעִם רוּחִי גְּוִיָּתִי,
יְיָ לִי וְלֹא אִירָא.

Adon olam asher malach,
b'terem kol y'tzir nivra.
L'eit na'asah v'cheftzo kol,
azai melech sh'mo nikra.
V'acharei kichlot hakol,
l'vado yimloch nora.
V'hu hayah, v'hu hoveh,
v'hu yihyeh, b'tifarah.
V'hu echad v'ein sheini,
l'hamshil lo l'hachbirah.
B'li reishit b'li tachlit,
v'lo ha'oz v'hamisrah.
V'hu eili v'chai goali,
v'tzur chevli b'eit tzarah.
V'hu nisi umanos li,
m'nat kosi b'yom ekra.
B'yado afkid ruchi,
b'eit ishan v'airah.
V'im ruchi g'viyati,
Adonai li v'lo ira.

The Lord of the Universe who reigned before anything was created. When all was made God was acknowledged Ruler. God was, God is, and God shall be in glory. Without beginning God is my God. To God I flee in time of grief, and God is my miracle and my refuge, who answers the day I call. To God I commit my spirit, in the time of sleep and awakening, even if my spirit leaves, God is with me, I shall not fear.

Made in the USA
Middletown, DE
20 December 2023

46430297R00085